Mosaik
bei GOLDMANN

Buch

In diesem Buch erfahren Katzenbesitzer, was die Sterne über ihren geliebten Stubentiger verraten. Michael Zullo informiert über das Katzenverhalten, ihre Stimmungen sowie über ihre Persönlichkeit und erklärt, wie man das Sternzeichen auch ohne genaue Kenntnis des Geburtstags bestimmen kann. Ein anregender und »himmlischer« Begleiter, unentbehrlich für das Zusammenleben von Mensch und Katz'.

Autor

Michael Zullo, Autor und Katzenliebhaber, war 16 Jahre lang als Manager tätig. Er eröffnete einen New-Age-Shop und entwickelte ein Computerprogramm, um astrologische Profile darzustellen. Der Autor lebt in Asheville, North Carolina.

MICHAEL ZULLO

Das kleine Katzen Horoskop

Aus dem Amerikanischen
von Tanja Kruse

Mosaik
bei GOLDMANN

Umwelthinweis:
Alle bedruckten Materialien dieses Taschenbuches
sind chlorfrei und umweltschonend.

Deutsche Erstausgabe Mai 2003
© 2003 der deutschsprachigen Ausgabe
Wilhelm Goldmann Verlag, München,
ein Unternehmen der Verlagsgruppe Random House GmbH
© 2001 by The Wordsellers, Inc. All rights reserved.
Originaltitel: Cat Astrology. The Complete Guide to Feline Horoscopes
Originalverlag: Andrews McMeel Publishing, Kansas City
Umschlaggestaltung: Design Team München
unter Verwendung einer Illustration von Tertia Ebert
Zeichnungen: Hadyn Connor
Redaktion: Lucy Peterhans
Satz: Barbara Rabus, Sonthofen
Druck: GGP Media, Pößneck
Verlagsnummer: 16529
kö · Herstellung: Max Widmaier
Printed in Germany
ISBN 3-442-16529-6
www.goldmann-verlag.de

1 3 5 7 9 10 8 6 4 2

Inhalt

Vorwort

Schon als kleiner Junge war ich von Katzen fasziniert. Ich wuchs im Mittleren Westen der USA auf, in der Nähe einer Farm, auf der ich das Verhalten der Farmkatzen stundenlang beobachtete. Einige spielten mit mir, andere ignorierten mich. Wieder andere suchten meine Zuneigung oder sahen in mir eine zusätzliche Futterquelle. Ich gab ihnen Namen, die ihrer Persönlichkeit entsprachen: Angsthase, Dickerchen, der einsame Wolf, Liebchen, Racker.

Erst zur Collegezeit hatte ich eine eigene Katze, ein Mischlingstier, das in mein Leben spaziert kam – und in mein Herz. Sie adoptierte mich an einem kalten Morgen in Madison im US-Bundesstaat Wisconsin. Obwohl sie ein hungriger Streuner war, hatte sie etwas Königliches an sich und verlangte königliche Behandlung. Darum nannte ich sie Princess.

Ungefähr zur selben Zeit erwachte mein Interesse an der Astrologie. Ich lernte alles über diese bemerkenswerte Wissenschaft und erstellte erste Horoskope für meine Freunde. Eines Tages fragte mich jemand, welches Sternzeichen Princess habe. Da meine Katze ohne

Geburtsurkunde zu mir gekommen war, hatte ich keine Ahnung. Aber die Frage faszinierte mich. Wenn die Konstellation der Planeten, des Mondes und der Sonne das Verhalten des Menschen beeinflusst, warum sollten dieselben astrologischen Kräfte dann nicht auch das Verhalten der Katzen bestimmen?

Diese Frage setzte meine persönlichen, fünfundzwanzig Jahre dauernden Studien über Katzen und Astrologie in Gang. Ich beobachtete das Verhalten der Katzen meiner Familienangehörigen und Freunde, die wussten, wann ihre Tiere zur Welt gekommen waren, und entdeckte auf diese Weise ein festes Muster: Katzen, die unter demselben Sternzeichen geboren wurden, hatten viele Eigenschaften gemeinsam.

Durch meinen Beruf in der Computerindustrie war es mir möglich, ein kommerzielles Computerprogramm für individuelle Horoskope zu entwickeln. Mit Hilfe dieses Programms war ich in der Lage, die astrologische Kompatibilität von Katzen und ihren Besitzern festzustellen. Meine Arbeit führte mich nach Key West in Florida, wo ich das *Stargazers* übernahm, ein New-Age-Geschäft, dessen Markenzeichen computergenerierte astrologische Profile waren. (Key West ist nicht nur ein Paradies für Sonnenanbeter, sondern auch für Katzen-

liebhaber. In so gut wie jeder Wellblechhütte, wetterge-
gerbten, alten Villa oder schicken, neuen Wohnanlagen-
einheit scheint eine Katze zu leben – oder zehn.) Mitt-
lerweile bin ich in die Berge im Westen North Carolinas
gezogen, wo ich auch weiterhin die astrologischen Be-
wegungen der örtlichen Miezen und Mäusejäger mit
Genuss verfolge.

In diesem Buch habe ich meine Erkenntnisse über
Katzen und Astrologie zusammengefasst. Ich hoffe, Sie
lernen dadurch Ihre vierbeinigen Freunde besser verstehen und schätzen. Natürlich werden wir unsere Katzen niemals wirklich verstehen. Das ist einer der Grün-
de, warum wir diese geheimnisvollen Fellbälle so sehr
lieben.

Michael Zullo

Einführung: Im Zeichen der Katze

Jemand hat einmal gesagt, dass Sie selbst mit neun Leben niemals so viel über Ihre Katze wissen werden, wie Ihre Katze über Sie weiß. Das sollte Sie aber nicht von dem Versuch abhalten, dieses faszinierende, liebenswerte, reservierte, neugierige, flinke, geheimnisvolle, unabhängige, wunderbare Tier zu ergründen. Und es gibt eine einzigartige Möglichkeit, tiefe Einblicke in die Welt der Katzen zu gewinnen: die Katzenastrologie.

Dieses Buch will Ihnen einen himmlischen Anstoß geben, um mehr über die Stimmungen, das Verhalten und die Persönlichkeit Ihrer Katze zu lernen sowie über Ihre Kompatibilität zu den Menschen. Mit Hilfe dieses Buches können Sie für Ihre Katze die geeignetste Begleitkatze aussuchen. Und wenn Sie nicht schon eine Katze besitzen, können Sie jetzt eine auswählen, die astrologisch gesehen am besten zu Ihnen passt.

Sie fragen sich nun sicher, ob es wirklich so etwas wie Katzenastrologie gibt? Klettern Katzen an Vorhängen hoch? Kneten sie mit ihren Pfoten gern Ihren Schoß? Knabbern sie das Blumenarrangement auf dem Esszimmertisch an? Schlafen sie auf Ihrem Arm, bis Sie jedes Gefühl in Ihren Fingern verloren haben? Die Antwort ist stets dieselbe: ein eindeutiges *Ja*!

Die Astrologie ist eine Wissenschaft, die auf einer Verschmelzung von Astronomie, Mathematik und Psychologie beruht. Die Konstellation von Planeten, Mond und Sonne im Augenblick unserer Geburt beeinflusst die Art und Weise, wie wir uns als Menschen verhalten. Aber diese astrologischen Kräfte wirken nicht nur auf uns Menschen ein. Sie bestimmen das Verhalten aller Geschöpfe Gottes – einschließlich des Geschöpfes, das zu den beliebtesten Haustieren überhaupt zählt, der Katze.

Das soll nicht heißen, dass Sie irgendein Horoskop in der Zeitung lesen und es auf Ihr Kätzchen anwenden können, sobald Sie wissen, in welchem Sternzeichen das Tier geboren wurde. Die Wirkung der Tierkreiszeichen auf unsere Katze ist nicht dieselbe wie auf uns. Katzen sind nun mal keine Menschen (auch wenn so mancher Katzenliebhaber das anders sehen mag). Menschen können rational denken, sie haben ein Gewissen und ein viel größeres Gehirn als Katzen. Katzen denken irrational, kennen kein Gewissen und haben ein kleineres Gehirn.

Die Energiefelder, die aus dem Zusammenspiel von

Planeten, Mond und Sonne entstehen, beeinflussen die menschliche Natur und all die Eigenschaften und Verhaltensweisen, die uns von den Lebewesen des Tierreichs unterscheiden. Dieselben astrologischen Kräfte wirken auf die Katze ein, aber mit anderen Ergebnissen, weil sie nämlich die Natur der Katzen beeinflussen und all die Eigenschaften und Verhaltensweisen, die eine Katze überhaupt erst zur Katze machen.

Wenn wir das Verhalten jener Katzen studieren, deren Geburtsdatum uns bekannt ist, entdecken wir Ähnlichkeiten in ihrer Persönlichkeit und andere gemeinsame Charakteristika mit Katzen, die demselben Tierkreiszeichen angehören. Wie auch beim Menschen sind natürlich nicht alle Katzen, die unter einem bestimmten Sternzeichen geboren wurden, absolut identisch, aber höchstwahrscheinlich sind ihnen viele Eigenschaften gemeinsam.

Wenn Sie sich dieses Buch zunutze machen wollen, müssen Sie nicht den exakten Augenblick der Geburt sowie den Längen- und Breitengrad des Ortes kennen, an dem das Leben Ihrer Katze begann. Sie müssen auch nicht über den Ephemeriden brüten (ein hochtrabendes Wort für die Tabellen mit den Stellungen der Himmelskörper).

Natürlich wäre es am besten, wenn Sie den Geburtstag Ihrer Katze kennen, denn das ermöglicht es Ihnen, ihr Sternzeichen zu bestimmen – also eines der zwölf Tierkreiszeichen, mit denen wir alle vertraut sind.

Astrologisch gesehen ist die Sonne die mächtigste aller Himmelskräfte und übt den größten Einfluss auf Persönlichkeit und Verhalten aus. Die Eigenschaften, die in diesem Buch beschrieben werden, basieren auf der Astrologie der Sternzeichen, die sehr akkurat ist – zu ungefähr achtzig Prozent –, jedoch nicht absolut fehlerlos ohne weitere detaillierte astrologische Tabellen.

Jedes Kapitel dieses Buches beschäftigt sich mit einem Sternzeichen und dessen Einfluss auf das Verhalten der Katze, ihre Kontaktfreudigkeit, ihre Spielzeiten, Eigenarten, Gesundheit und auf ihre Verträglichkeit in Bezug auf Erwachsene, Kinder und neue Haustiere.

Wenn Sie keine Ahnung haben, wann Ihre Katze geboren wurde, dann lesen Sie die Profile aller zwölf Zeichen durch. Vergleichen Sie die Persönlichkeit Ihrer Katze mit den Beschreibungen, das sollte Sie eigentlich in die Lage versetzen, das Zeichen herauszufinden, unter dem Ihre Katze zur Welt kam.

Jetzt zu der Frage, die Sie zweifelsohne bewegt: Passe ich astrologisch gesehen zu meiner Katze? Wenn Sie beide großartig miteinander auskommen, dann sind Sie sicher auch himmlisch-harmonisch angelegt. Falls nicht, muss das nicht bedeuten, dass Sie Ihre Katze aus dem Haus werfen sollen. Es weist nur darauf hin, dass Sie beide starke Neigungen besitzen, die nicht vereinbar zu sein scheinen. Es gibt jedoch noch viele andere Faktoren, mit deren Hilfe Sie etwaige Persönlichkeitsunterschiede überwinden können – von der Rasse einer Katze und ihrem Umfeld bis hin zu der Art und Weise, wie Sie Ihre Katze behandeln und versorgen. Versuchen Sie auf jeden Fall, die Unterschiede zu verstehen und vielleicht sogar, sie schätzen zu lernen, und führen Sie alle Anpassungen durch, die für eine glücklichere Beziehung notwendig sind.

Zu jedem Kapitel gehört eine Kompatibilitätstabelle von Katzensternzeichen und Menschensternzeichen. Zwei Pfoten nach oben steht für eine hervorragende Verbindung; eine Pfote nach oben symbolisiert eine Kombination, die durchaus funktionieren kann; und zwei Pfoten nach unten bedeutet, dass es astrologisch gesehen eine mittelmäßige bis schlechte Beziehung ist. (Wenn Sie es eilig haben, schauen Sie im Kapitel »Eine Verbindung, die im Himmel geschlossen wurde« am Ende des Buches nach.)

Dieses Buch kann Ihnen helfen, wenn Sie planen, Ihrer Katze einen Partner oder Spielgefährten zuzugesellen. Sie können den Übergang problemloser gestalten, wenn Sie einen Neuankömmling aussuchen, der astrologisch gesehen mit Ihnen und/oder Ihrer Katze kompatibel ist.

Dieses Buch hilft Ihnen aber auch dann, wenn Sie sich erst eine Katze zulegen wollen. (Obwohl wir natürlich alle wissen, dass sich Katzen ihre Menschen zulegen.) Lesen Sie die Beschreibungen aller Zeichen, und suchen Sie sich eine Katze mit den Eigenschaften aus, die zu Ihrem Leben und Ihrer Persönlichkeit passt. Vergleichen Sie die einzelnen Sternzeichen, um festzustellen, zu welchen Sie selbst am besten passen oder welches Zeichen am besten für Ihre Kinder geeignet ist. Dann können Sie die Katze wählen, die astrologisch gesehen genau richtig für Sie ist.

Doch welches Zeichen die Katze auch immer haben mag, diese bezaubernde Kreatur wird sich auf sanften Pfoten in Ihr Herz schleichen.

Die
Widder-Katze

21. März bis 20. April

Energisch
Ungeduldig
Verspielt
Freundlich
Streitlustig

Die Widder-Katze ist jederzeit sprungbereit. Sie steckt voller Leben und grenzenloser Energie. Es macht Freude, ihr beim Spielen zuzusehen – und sie spielt mit allem, was sie in ihre Pfoten bekommen kann, einschließlich Ihrer edlen Porzellanfiguren. Sie ist eine Katze, die immer ganz oben ist – Sie werden sie häufig oben an Ihren Vorhängen, oben auf dem Kühlschrank oder oben auf Ihrer Standuhr finden.

Die Widder-Katze jagt gern nachts um drei Schatten, Staubbällchen oder imaginäre Kreaturen durch das Haus. Sie neigt mehr als alle anderen Katzensternzeichen zu diesen »nächtlichen Anfällen« – ein Übermaß an Energie, das mit ihrem seit Urzeit angeborenem Drang, zu jagen und Beute zu machen, zusammenhängt.

Doch genau in dem Augenblick, in dem Sie grummelnd bereit sind, aus dem Bett zu steigen und diesen übermütigen Fellball einzufangen, springt die Widder-Katze auf Ihr Bett, rollt sich neben Ihrem Hals ein und schnurrt liebevoll.

Am nächsten Morgen miaut die Widder-Katze fröhlich und putzt sich, während sie auf ihr Frühstück wartet. Es ist ratsam, ihren Napf pünktlich zu füllen, sonst ... Die Widder-Katze ist ungeduldig, und wenn Sie einmal spontan beschließen, einfach auszuschlafen, müssen Sie damit rechnen, unsanft geweckt zu werden. Ihre Katze wird systematisch alles von Ihrem Nachttisch stoßen – Ihre Brille, die Bettlektüre und sogar den Radiowecker, wenn sie wirklich sauer ist. Und sie wird erst damit aufhören, wenn Sie aufstehen und sie füttern. Dann allerdings ist sie eine glückliche Katze, die Ihnen nichts nachträgt ... bis zum nächsten Morgen, wenn Sie dann wieder ausschlafen wollen.

Die Widder-Katze sollte eigentlich nie lange allein gelassen werden, denn sie ist ein pures Energiebündel. Wenn Sie doch einmal den ganzen Tag abwesend sein müssen, dann begrüßen Sie die Widder-Katze umso herzlicher, sobald Sie nach Hause kommen. Verbringen Sie gleich nachdem Sie durch die Tür treten einige Zeit mit ihr. Jagen Sie sie um den Tisch oder toben Sie mit ihr durch die Wohnung, damit sie all die aufgestaute Energie abbauen kann.

Stundenlang am Stück Nickerchen auf dem Fensterbrett zu halten ist für sie schlichtweg zu langweilig. Viel lieber ist sie draußen, wo sie zwischen den Büschen schnüffeln oder Eidechsen und Schlangen hinterherjagen kann. Die Widder-Katze zeigt ihrem Besitzer gern, was für eine exzellente Jägerin sie ist. Seien Sie nicht überrascht, wenn sie mit einer toten Maus im Maul ins Haus geschlendert kommt.

Ihr streitlustiges Naturell bringt sie bisweilen in Schwierigkeiten. Sie wird vor keinem Kampf zurückschrecken, wenn eine andere Katze sie herausfordert. Übrigens wird sie sich auch niemals von einem größeren Tier, zum Beispiel einem Hund, einschüchtern lassen. Das Problem ist nur, dass sie nicht unbedingt eine gute Kämpferin ist.

Im Haus wird diese Kampfeslust manchmal Ihre Geduld strapazieren. Entdeckt die Widder-Katze eine Fliege, verfällt sie augenblicklich ins Jagdverhalten. Mit zitternden Kiefern und klappernden Zähnen springt sie von Ihrem Schoß und stößt dabei Ihr Glas mit Eistee um. Dann hüpft sie auf den Couchtisch, gerät ins Schleudern und schubst die Fernbedienung für das Fernsehgerät auf den Boden. In völliger Missachtung Ihrer Kristallgläser springt sie daraufhin auf die Vitrine und versucht, die Fliege aus der Luft zu greifen.

Sollten Sie sie dafür ausschelten, wird sie Sie anfauchen und mit einem geschickten Doppelpass ihre Krallen in Ihren Knöchel versenken. Anschließend läuft sie davon, um eine Zeit lang zu schmollen. Aber schon bald kuschelt sie sich wieder an Sie und bittet schnurrend um Vergebung.

Kontaktfreudigkeit

Die Widder-Katze liebt Geselligkeit jeder Art und spielt gern mit Menschen – vor allem mit ihrem Besitzer.

Wenn Ihre Freunde zu Besuch kommen, wird die Widder-Katze an der Tür Aufstellung nehmen und jeden Gast einer Inspektion unterziehen. Sie stupst mit ihrem Kopf gern die Hand eines Gastes an und will ihn auf diese Weise dazu bringen, sie zu kraulen oder mit ihr zu spielen. Die Widder-Katze mag so gut wie jeden – mit Ausnahme von Katzenhassern. Sie wird diese Leute nicht belästigen, sondern einfach ignorieren.

Zeit zum Spielen

Da die Widder-Katze Abwechslung liebt, sollten Sie darauf achten, jede Menge Gummibälle, Strickmäuse und quietschendes Spielzeug im Haus zu haben, mit dem sie spielen kann. Und besorgen Sie alle paar Monate neues Spielzeug, weil sie sich mit den alten Sachen irgendwann langweilen wird.

Bevor Sie die Spielzeuge für Ihren Liebling jedoch in den Ruin treiben, bringen Sie lieber Ihre Kreativität zum Einsatz. Lassen Sie Ihre Widder-Katze mit dem Korken einer Weinflasche, mit einer leeren Rolle Zwirn oder auch mit dem Pappkarton einer leeren Rolle Toilettenpapier spielen.

Eigenarten

Die Widder-Katze benützt ihren Kopf gern als Rammbock. Schließlich sind die Hörner ihr astrologisches Symbol. Wenn sie eine unverschlossene Badezimmertür öffnen will, stößt sie lieber mit dem Kopf dagegen, als ihre Pfoten einzusetzen. Wenn die Widder-Katze kuscheln will, wird sie ihren Kopf sanft gegen den Ihren pressen, während Sie gerade auf der Couch liegen. Sie neigt auch dazu, mit gesenktem Kopf herumzulaufen, was manchmal dazu führt, dass sie mit dem Kopf voraus gegen ein Tischbein läuft.

Gesundheit

Die Widder-Katze ist normalerweise schlank, fit und gesund. Aufgrund ihres hohen Energiepegels verbrennt sie mehr Kalorien als die meisten anderen Katzen. Aber das hat auch eine Kehrseite.

Die Widder-Katze ist derart lebhaft, dass sie zu Unfällen neigt, sowohl im Freien als auch in der Wohnung. Wenn sie durch das Haus streicht, rutscht sie auf dem frisch gebohnerten Küchenboden aus und knallt gegen die Wand; sie will auf den Kaminsims springen und verschätzt sich in der Entfernung; oder sie stolpert in Ihr Schaumbad.

Lassen Sie keine Messer oder andere scharfe Gegenstände offen in der Küche herumliegen, denn die Widder-Katze wird damit spielen. Und verlegen Sie aus demselben Grund auch alle Elektrokabel mit größter Achtsamkeit. Seien Sie besonders zur Weihnachtszeit wachsam. Die Widder-Katze springt mit Vorliebe in den Christbaum, um mit dem Schmuck zu spielen.

Draußen gehört sie zu den Katzen, die, auf halber Höhe im Baum, plötzlich einem Eichhörnchen nachsetzt, es verfehlt – und prompt in die Tiefe stürzt. Oder sie bleibt im Abflussrohr stecken, das sie erforschen wollte.

Menschliche Gefährten
Da die Widder-Katze eine überaus aktive Katze ist, fühlt sie sich in einem großen Haus voller Leben am wohlsten. Sie versteht sich prächtig mit Menschen aller Altersstufen.

Zwei Pfoten nach oben

Bei Besitzern mit den Sternzeichen Skorpion, Steinbock, Wassermann oder Fische.

Skorpion: Die Widder-Katze schwebt im siebten Himmel, weil Sie, wie die meisten Skorpione, gern spielen. Andererseits wird die Widder-Katze Sie immer wieder auf die Probe stellen, darum müssen Sie ihr hin und wieder zeigen, wer der Chef ist: ein Wesenszug, der Ihnen ja ohnehin zu Eigen ist.

Steinbock: Sie sind sehr gewissenhaft, darum werden Sie alle Bedürfnisse der Widder-Katze sorgfältig erfüllen. Die Katze wird auch lernen, es nie auf die Spitze zu treiben, denn wenn sie Ihnen frech kommt, werden Sie sie streng tadeln.

Wassermann: Aus der Sicht der Widder-Katze sind Sie als Besitzer der absolute Glücksfall. Da die Widder-Katze gern nimmt und der Wassermann gern gibt, passen Sie beide einfach wunderbar zusammen. Sie werden Ihre Katze mit Leckereien verwöhnen, viel mit ihr spielen und ihr all die Liebe und Aufmerksamkeit schenken, die sie sich wünscht.

Fische: Sie neigen sehr dazu, Ihre Widder-Katze zu verwöhnen, darum wird sie rasch lernen, dass ein einschmeichelndes Schnurren und ein liebevoller Blick Sie dazu bewegen können, den Lachs, den Sie gerade zum Abendessen verspeisen, mit ihr zu teilen.

Eine Pfote nach oben

Bei Besitzern mit den Sternzeichen Zwilling, Krebs, Löwe, Waage oder Schütze.

Zwilling: Der Widder-Katze geht es in Ihrem Heim gut, denn sowohl Sie als auch Ihre Katze mögen Abwechslung und Spaß. Möglicherweise kommt sie jedoch mit Ihren raschen Stimmungsschwankungen nicht zurecht. Sie beide könnten in Ihren ganz eigenen Katzenkampf verstrickt werden.

Krebs: Die Widder-Katze kann Sie mühelos ausnutzen, da Sie als typischer Krebs leicht verletzbar sind. Sie jagt Ihnen ja schon Schuldgefühle ein, wenn Sie gerade mal fünf Minuten zu spät Futter in den Fressnapf kippen.

Löwe: Solange Sie mit Ihrer Widder-Katze nicht darum streiten, wer den stärkeren Willen hat, werden Sie sich mit der Widder-Katze sehr amüsieren, denn Sie lieben beide Aufregung und körperliche Betätigung.

Waage: Sie werden Ihre Katze verwöhnen wollen, aber bisweilen irritieren Sie Ihre Widder-Katze auch, weil Sie sich einfach nicht entscheiden können, welche Geschmacksrichtung Sie heute verfüttern wollen.

Schütze: Diese Beziehung könnte Spaß machen, aber nur, wenn Sie bereit sind, Ihrer Widder-Katze ausreichend Zeit und Aufmerksamkeit zu widmen. Sie beide können wunderbar zusammen spielen, sofern Sie Ihre Katze in Ihrem vollen Terminkalender unterbringen.

Zwei Pfoten nach unten
Bei Besitzern mit den Sternzeichen Widder, Stier oder Jungfrau.

Widder: Sie neigen dazu, Ihre Katze zu füttern, wenn Ihnen gerade danach ist, nicht unbedingt dann, wenn der Magen der Katze knurrt. Die beleidigte Katze wird sich teuflische Möglichkeiten ausdenken, um sich zu rächen, beispielsweise durch Kratzer auf dem Esszimmertisch.

Stier: Sie mögen keine dominanten Haustiere. Die Mätzchen der Widder-Katze – dass sie zum Beispiel auf die Zeitung einschlägt, die Sie gerade lesen, oder Opa zu Fall bringt, indem sie zwischen seinen Beinen herumstreicht – treiben Ihren Blutdruck leicht in ungeahnte Höhen.

Jungfrau: Sie werden die Spontaneität der Widder-Katze nicht zu schätzen wissen und dulden keine nächtlichen Streifzüge, kein Betteln am Esstisch, kein Toben im Wäschekorb. Doch wenigstens füttern Sie sie pünktlich, und ihr Katzenklo wird das sauberste der ganzen Stadt sein.

Kinder

Kinder und Widder-Katzen ergänzen sich prächtig. Beide spielen sehr gern und haben eine geringe Aufmerksamkeitsspanne. Wenn es darum geht, wer wen zuerst müde macht, sollten Sie Ihr Geld auf die Widder-Katze setzen.

Wenn die Widder-Katze frei herumstreifen darf, wird sie sich Kinder aussuchen, um von ihnen gestreichelt zu werden und mit ihnen zu spielen. Nichts gefällt ihr mehr, als das Viertel, in dem sie wohnt, vom Korb eines

Fahrrads aus zu inspizieren, während Ihre Kinder die Straßen entlangradeln und unterwegs des Öfteren anhalten, damit die Leute Gelegenheit bekommen, diese freundliche Katze zu bewundern.

Freunde und Partner

Obwohl die Widder-Katze Gesellschaft zu schätzen weiß, ist sie auch egozentrisch und neigt zu Eifersucht. Wenn Sie sich also ein neues Haustier zulegen, wird die Widder-Katze ständig Beweise verlangen, dass Sie sie immer noch lieben.

Anfangs faucht sie das neue Kätzchen oder den neuen Welpen wahrscheinlich an, aber mit der Zeit – meistens nicht mehr als ein paar Tage – wird sie mit ihrem neuen Spielgefährten herumtollen.

Wenn möglich, sollten Sie Ihre Widder-Katze mit einer energiegeladenen, freundlichen Katze zusammenbringen, die Vitalität und Impulsivität besitzt, am besten mit einer in den Zeichen Löwe oder Schütze geborenen. Wenn Sie eine ruhigere Katze aus den Zeichen Stier, Steinbock oder Fische ins Haus holen, wird Ihre Widder-Katze den neuen Gefährten rücksichtslos dominieren.

Die Widder-Katze liebt es, ...

...wenn Sie ihren Kopf kräftig zwischen Ihren Händen reiben.

...Futter direkt aus der Dose zu fressen.

...ihren Körper im Gehen um Ihre Knöchel zu winden.

...auf dem Küchenfußboden im Kreis herumgewirbelt zu werden.

Angriff der Widder-Katze

Puffins, das weiße Kätzchen von US-Präsident Woodrow Wilson, benahm sich wie eine typische Widder-Katze.

Im Garten des Hauses, in dem die Wilsons wohnten, bevor sie ins Weiße Haus zogen, machte Puffins jeden Tag Jagd auf Vögel und tötete auch einige von ihnen. Sie amüsierte sich großartig bei ihrem Toben quer durch den Garten.

Doch dann, in einer Szene, die an Hitchcocks *Die Vögel* erinnert, rächten sich die gefiederten Kreaturen. Eines Tages bildeten sie eine Schwadron und griffen Puffins von jedem Baum im Garten aus an. Dutzende von Vögeln stürzten sich im Sinkflug auf Puffins, die mit zurückgelegten Ohren und böse funkelnden Augen mitten auf dem Rasen kauerte, bis sie sich schließlich in Sicherheit brachte. Mehrere Tage lang weigerte sie sich, auch nur eine Pfote nach draußen zu setzen. Es heißt, dass Puffins von da an nie wieder einen Vogel tötete.

Die
Stier-Katze

21. April bis 21. Mai

Liebt feste Abläufe
Ist am liebsten zu Hause
Dickköpfig
Vorhersehbar
Ruhig

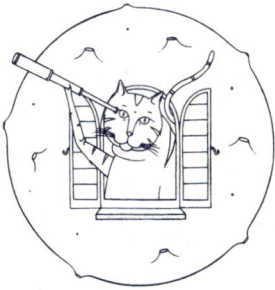

Obwohl das Symbol für das Sternzeichen Stier ein wilder Bulle ist, sind Stier-Katzen ziemlich ruhig – solange man sie nicht provoziert.

Die Stier-Katze sehnt sich fast so sehr nach festen Abläufen wie nach einer frisch geöffneten Tunfischdose. Sie will jeden Tag zur selben Zeit fressen, hält jeden Tag zur selben Zeit ein Schläfchen und spielt auch jeden Tag zur selben Zeit. Für sie steht Sicherheit ganz oben auf ihrer Prioritätenliste, darum sollte sie in einem Heim leben, das feste Abläufe garantiert.

Wenn Sie eine glückliche Katze wollen, muss der Alltag der Stier-Katze mit einer festgelegten Fütterungszeit beginnen. Verspäten Sie sich nicht – und begehen Sie nicht den Fehler, das gewohnte Frühstücksfutter Ihrer Katze versehentlich nicht im Haus zu haben. Wenn Sie Trockenfutter geben anstatt des üblichen, appetitlich feuchten Dosenfischs, bekommen Sie es im besten Fall mit einer kalten Schulter zu tun und im schlimmsten Fall mit einem umgestoßenen Wassernapf. Und während Sie die Pfütze aufwischen, sitzt Ihre Katze am Fenster, ignoriert Sie völlig und hofft, dass Sie nun Ihre

Lektion gelernt haben und nie wieder vom Gewohnten abweichen.

Ihre Stier-Katze erwartet, jeden Tag zu einer festgesetzten Stunde ganz besonders von Ihnen verwöhnt zu werden. Durchaus möglich, dass sie nach dem Frühstück so lange miaut, bis Sie sie auf Ihre Knie lassen und sie fünf Minuten lang ausgiebig massieren oder fest an sich drücken. Oder Sie werden abends beim Heimkommen von ihr aufgefordert, sie wie ein Baby im Arm zu halten, wobei Sie ihren Bauch zu kraulen haben. Oder sie erwartet vor dem Schlafengehen einen besonderen Leckerbissen. (Diese Katze frisst leidenschaftlich gern.)

Die Stier-Katze benötigt keine ununterbrochene Zuwendung, darum ist sie das passende Haustier für alle, die den ganzen Tag bei der Arbeit sind. Wenn Sie wollen, dass sich Ihre Stier-Katze in Ihrer Abwesenheit wohl fühlt, schalten Sie das Radio ein und wählen Sie einen Sender aus, der sanfte, eingängige Melodien spielt, beispielsweise leichten Jazz oder New-Age-Musik. Wenn Sie abends nach Hause kommen, wird Ihre Stier-Katze wie ein gut geölter Motor schnurren, insbesondere dann, wenn Sie sie in den Arm nehmen und ihr gut zureden.

Am besten kaufen Sie Ihrer Stier-Katze einen Kletterbaum, in den auch eine Katzenhöhle integriert ist. Auf
diese Weise kann sie hinein- und wieder herausklettern,
wann immer ihr danach ist. Denken Sie daran, diese
Katze sehnt sich nach Sicherheit und Geborgenheit –
und eine Katzenhöhle bietet diese Behaglichkeit.

Wenn Ihre Stier-Katze ins Freie darf, wird sie sich nie
weit vom Haus entfernen. Sie ist nicht der Typ, der her-
umstreift. Im Laufe der Zeit wagt sie sich möglicherweise in Nachbars Garten, aber meistens betrachtet sie
die Welt lieber von der Astgabel in Ihrem Garten.

Wie auch die meisten Menschen, die in diesem Zeichen geboren werden, besitzt die Stier-Katze eine Neigung zu Dickköpfigkeit und Sturheit. Wenn sie gern auf
dem Videorekorder oder dem Fernsehgerät schläft,
dann wird sie dort auch tagein, tagaus schlafen, ungeachtet Ihrer Proteste.

Sie hasst darüber hinaus unerwartete Veränderungen
und wird sich mit der Wildheit eines bengalischen Tigers gegen spontane Autofahrten oder ein Bad zur Wehr
setzen. In dem verzweifelten Versuch, sich gegen Geschirr und Leine zu wehren, die Sie ihr zum ersten Mal
anlegen wollen, wird sie alle viere ausstrecken, die Krallen in Ihren Perserteppich versenken und sich nur mit

roher Gewalt quer durch den Raum ziehen lassen. Verzweifeln Sie nicht, und brüllen Sie Ihre Katze nicht an. Wenn Sie Geduld und viel Liebe aufbringen, können Sie die Stier-Katze letztendlich überzeugen. Denken Sie daran, wenn Sie sie zu sehr oder zu schnell drängen, schreckt sie auch nicht davor zurück, Sie zu kratzen.

Kontaktfreudigkeit

Die Stier-Katze ist nicht scheu, aber sie will auch nicht unbedingt im Mittelpunkt der Aufmerksamkeit stehen. Wenn Sie oft Gäste haben, wird sich Ihre Katze vorbildlich benehmen – solange Sie sie nicht zwingen, vor Zuschauern Kunststückchen aufzuführen. Erlauben Sie ihr einfach, sich nach eigenem Belieben unter Ihre Gäste zu mischen. Ihre Katze wird instinktiv spüren, welche Menschen sie gern streicheln möchten und welche sie am liebsten in ihrem Katzenklo beerdigt sehen würden.

Zeit zum Spielen

Die Stier-Katze spielt gern mit ihrem Lieblingsspielzeug. Fast jeden Tag zieht sie ihre alte, schmutzige Gummimaus hervor und tobt mit ihr herum. Wenn sie dieses Spiels müde wird, wendet sie sich wahrscheinlich ihrem Quietschespielzeug zu.

Ersetzen Sie die alten Spielsachen nicht, nur weil sie ein wenig mitgenommen aussehen. Die Stier-Katze gehört nicht zu denen, die bereitwillig neues Spielzeug akzeptieren. Am besten legen Sie ihr das neue Teil zusammen mit dem alten vor und erlauben ihr, sich langsam daran zu gewöhnen. Zu guter Letzt wird sich die Stier-Katze schon für den gehäkelten Spielzeugvogel interessieren, den Großmutter Melba extra für sie gemacht hat.

Die Stier-Katze spielt gern Verstecken oder Apportieren mit Ihnen: Sie werfen den Ball, die Katze läuft hinterher und tritt ihn eine Weile, dann dürfen Sie losziehen und ihn suchen.

Eigenarten

Die Stier-Katze neigt dazu, nicht Essbares ins Maul zu nehmen. Sie kaut an Telefonkabeln, Schuhen, Ihrem Lieblingspulli und sogar an einer Ecke Ihrer Bettdecke.

Legen Sie Steck- und Nähnadeln sowie Perlen aller Art immer sicher in den Nähkorb, und lassen Sie keine Büroklammern oder kleine Radiergummis auf Ihrem Schreibtisch liegen. Sonst müssen Sie irgendwann den Heimlich-Griff an Ihrer Katze anwenden.

Gesundheit

Die Stier-Katze ist im Allgemeinen gesund. Sie könnte jedoch etwas mehr Gewicht zulegen, als sie sollte, denn sie wird alles fressen, was Sie ihr vorsetzen.

Aufgrund dieses Gewichtsproblems kommt es bei ihr auch öfter zu Leberkrankheiten, Diabetes, Pankreatitis und Arthritis. Aber wenn Sie ihre Ernährung sorgfältig überwachen, sollte es ihr eigentlich gut gehen. Sparen Sie sich die Leckerbissen für besondere Gelegenheiten auf.

Die Stier-Katze braucht unbedingt körperliche Aktivität. Bringen Sie sie in Bewegung, und versuchen Sie das jeden Tag zur selben Zeit. Sie wissen ja, wie sehr Ihre Katze feste Abläufe mag.

Menschliche Gefährten

Das Zuhause bedeutet für die Stier-Katze Sicherheit und Geborgenheit, und sie kommt mit jedem gut aus, solange ihr persönlicher Tagesplan nicht durcheinander gebracht wird. Sie ist nicht so zärtlich wie manch andere Katze, aber sie ist ihrer menschlichen Familie gegenüber extrem loyal.

Zwei Pfoten nach oben

Bei Besitzern mit den Sternzeichen Krebs, Jungfrau oder Steinbock.

Krebs: Sie sind liebevoll und loyal und fühlen sich unglaublich schuldig, wenn Sie nicht pünktlich nach Hause kommen, um Ihre Stier-Katze zu füttern und mit ihr zu spielen. Sie nehmen sogar große Mühen auf sich, um Ihrer Katze extra Hühnerleber zuzubereiten. Aber achten Sie unbedingt auf ihr Gewicht!

Jungfrau: Sie sind jemand, der gern gibt, und Sie nehmen die Verpflichtung, Ihre Katze zu füttern und für sie zu sorgen, sehr ernst. Ebenso wie die Stier-Katze fühlen Sie sich mit festen Abläufen am wohlsten und lieben die Sicherheit Ihres Heimes. Sie beide sollten großartig miteinander auskommen.

Steinbock: Sie sind verantwortungsbewusst, pflichtbewusst, loyal und liebevoll – alles Eigenschaften, die die Stier-Katze zu ihrem Glück braucht. Obwohl Sie nicht ganz so sehr auf feste Abläufe bedacht sind, wie die Stier-Katze es sich wünschen würde, werden Sie beide Ihre Differenzen mühelos beilegen können.

Eine Pfote nach oben
Bei Besitzern mit den Sternzeichen Stier, Waage oder Fische.

Stier: Obwohl Sie Ihrer Katze zärtlich zugetan sind, essen Sie beide zu viel und bewegen sich zu wenig. Da Sie auch beide dickköpfig sind, werden Sie des Öfteren aneinander geraten – zum Beispiel wenn es darum geht, ob Ihre Katze auf das Sofa darf.

Waage: Die Stier-Katze macht Sie zufrieden, denn sie bringt eine Aura der Stabilität und Liebe in Ihr Heim. Sie verwöhnen Ihre Katze mit besonderen Leckerbissen. Die Frage ist: Können Sie ihr auch die Sicherheit und Geborgenheit geben, die sie braucht?

Fische: Obwohl Sie dazu neigen, die alltäglichen Details der Katzenpflege zu übersehen, beispielsweise das Katzenklo zu reinigen oder den Wassernapf aufzufüllen, sind Sie ein überaus liebevoller Mensch, der der Stier-Katze sehr viel Zuneigung schenken kann.

Zwei Pfoten nach unten

Bei Besitzern mit den Sternzeichen Widder, Zwilling, Löwe, Skorpion, Schütze oder Wassermann.

Widder: Die Stier-Katze geht die Dinge gern langsam und locker an. Sie mögen es schnell und intensiv. In Ihrem Leben ist so viel los, dass die Bedürfnisse der Stier-Katze ganz unten auf Ihrer Prioritätenliste stehen.

Zwilling: Die Stier-Katze liebt Stabilität, Sie verabscheuen Stabilität. Die Stier-Katze wird von Glück reden können, wenn sie regelmäßig gefüttert wird. Jeden Tag zu einer anderen Zeit, versteht sich. Eine Warnung an alle Stier-Katzen: Der Zwilling ist nichts für euch!

Löwe: Aufgrund Ihres dominanten, energiegeladenen Naturells könnten Sie ungewollt die Stier-Katze verängstigen. Vielleicht grollen Sie ihr auch ein wenig, weil sie sich so beharrlich an feste Abläufe klammert.

Skorpion: Die Stier-Katze wird nie wissen, woran sie mit Ihnen ist. Aufgrund Ihres sprunghaften Charakters drücken und liebkosen Sie sie im einen Augenblick und ignorieren sie im nächsten völlig.

Schütze: Da Sie ein aktiver, freiheitsliebender Mensch sind, wird sich die Stier-Katze mit Ihnen als Besitzer höchstwahrscheinlich nicht sehr wohl fühlen. Sie sind mit einer etwas lebhafteren Katze besser beraten.

Wassermann: Sie sind viel zu beschäftigt, um sich von festen Abläufen knebeln zu lassen. Außerdem retten Sie lieber die Welt, als zu Hause bei der Stier-Katze zu sitzen. Sie brauchen eine unabhängigere Katze.

Kinder

Die Stier-Katze versteht sich bestens mit Kindern, obwohl es eine Weile dauern kann, bis sie sich an sie gewöhnt hat.

Die Stier-Katze genießt die Aufmerksamkeit, die ihr junge Menschen entgegenbringen. Aber denken Sie daran, dass sie keinen Radau mag. Sie ist auch nicht die Art von Katze, die spontan mit sich spielen lässt. Gespielt wird, wenn die Stier-Katze dazu in der Stimmung ist – folglich jeden Tag zur selben Zeit.

Freunde und Partner

Als ausgewiesene Stubenhockerin kann die Stier-Katze bisweilen ein ausgeprägtes Territorialverhalten an den

Tag legen. Es wäre eine Untertreibung zu behaupten, dass sie sich nicht allzu rasch an neue Tierfreunde gewöhnt. Ihr steht das Fell zu Berge, wenn sie sieht, dass eine fremde Kreatur in ihr Leben spaziert, mit ihrem Lieblingsspielzeug spielt oder, Gott bewahre, sich an ihrem Fressnapf zu schaffen macht.

Am besten wappnen Sie sich mit Geduld. Es kann Wochen dauern, sogar Monate, bis die Stier-Katze sich an ein anderes Tier gewöhnt hat. Aber sobald dieser Tag gekommen ist, wird sie Ihrem neuen Haustier ein liebevoller Kumpel sein.

Die Stier-Katze liebt es, ...

...den Schlägen einer alten Standuhr zu lauschen.

...jeden Tag auf demselben Couchkissen ein Nickerchen zu halten.

...Goldfischen beim Schwimmen in einem Aquarium zuzusehen.

...Plätzchenteig zu naschen.

Die berühmteste fette Katze der Welt

Tiddles, ein Streuner, der aufgrund seines Körperumfangs weltweiten Ruhm erlangte, verhielt sich wie eine typische Stier-Katze. In seinen Bestzeiten wog er über 32 Pfund!

1970 war Tiddles ein verängstigtes Kätzchen, das am Bahnhof Paddington in London auf eine der Damentoiletten spazierte. Er wurde von einer Klofrau adoptiert, die ihr Käsesandwich mit ihm teilte. Pünktlich wie die Uhr tauchte Tiddles jeden Tag auf, um eine milde Gabe in Empfang zu nehmen.

Bald sprach sich die Sache herum, und die Leute ließen Leckereien wie Hühnerleber, Lammzunge und Nierchen für Tiddles da. Es gab so viele Bewunderer, die ihm Futter brachten, dass er seinen eigenen Kühlschrank besaß, in dem alles aufbewahrt wurde!

Tiddles nahm immer mehr zu, und alle Versuche von Tierärzten, ihn auf eine strenge Diät zu setzen, scheiterten. Mit seinem Körperumfang wuchs auch sein Ruhm. Fanbriefe trafen aus der ganzen Welt ein, von den Vereinigten Staaten über Europa und Afrika bis hin zu Australien.

Tiddles starb 1982, ein Jahr, nachdem er zum *London Fat Cat Champion* gekrönt worden war.

Die
Zwilling-Katze

22. Mai bis 21. Juni

Temperamentvoll
Schelmisch
Fröhlich
Schlau
Steht gern im Mittelpunkt

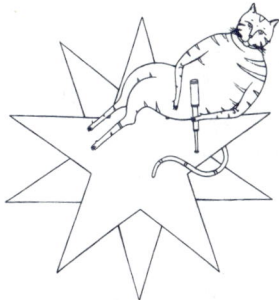

Die Zwilling-Katze gehört zu den Katzen, deren Besitz die größte Herausforderung darstellt, aber auch den größten Lohn verheißt. Genauer gesagt ist es so, als ob man gleich zwei lebhafte Fellbälle besäße, denn die Zwilling-Katze hat doppelt so viel Energie wie die meisten anderen Katzen. Sie sitzt nie still, außer wenn sie schläft, und sie liebt wilde Verfolgungsjagden – durch die Wohnung oder im Freien.

Die Zwilling-Katze ist der Schelm unter den Katzen. Sie wird versuchen, alles in ihre Pfoten zu bekommen, was nicht niet- und nagelfest ist. Wahrscheinlich überraschen Sie sie mit Ihrer alten Armbanduhr oder mit Ihrem Lieblingsfüller, den sie von Ihrem Schreibtisch stibitzt hat. Was immer Sie sonst noch vermissen mögen, schauen Sie unter dem Bett oder dem Sofa nach. Die Wahrscheinlichkeit ist groß, dass sie damit gespielt hat und es dort liegen ließ.

Dieser Merlin-Verschnitt in Katzengestalt spielt seinem Besitzer mit Vorliebe Streiche. So kann es beispielsweise vorkommen, dass Ihre Katze in verschiedenen Teilen des Hauses merkwürdig miaut. Wenn Sie in den Raum gehen, in dem Sie das Miauen hörten, ist sie bereits an anderer Stelle – und miaut neuerlich. Sobald Sie dem Miauen in den nächsten Raum folgen, ist sie schon wieder verschwunden, und Sie werden sie niemals von Raum zu Raum huschen sehen. Die Zwilling-Katze ist sowohl eine der hinterlistigsten Katzen dieser Welt als auch eine großartige Bauchrednerin.

Sie ist außerdem ein kleiner Teufel. Geduldig sitzt sie auf Ihrem Kühlschrank und schaut zu, wie Sie das Abendessen vorbereiten. Drehen Sie ihr nur nicht den Rücken zu, sonst fehlt urplötzlich ein Stück Ihres Hühnchens – und Ihre Zwilling-Katze ist ebenfalls verschwunden.

Die Zwilling-Katze ist morgens als Erste wach und wird Sie bei Anbruch der Dämmerung wecken, indem sie Sie mit einer Pfote stupst oder Ihre Nase leckt. Wenn Sie Ihre Augen verschlafen öffnen, hüpft sie durch das Schlafzimmer, bereit für ein kleines Spielchen vor dem Frühstück. Sie können den Gürtel zu Ihrem Morgenmantel nicht finden? Wahrscheinlich hat sie ihn unter Ihrem Bett versteckt. Und zweifelsohne treten Sie beim Aufstehen auf die Spielzeugmaus mit Katzenminzefüllung, die sie zum Spielen mitgebracht hat.

Die Zwilling-Katze ist eine Herumtreiberin. Wenn die

Hintertür einmal offen steht, ist sie im Nu verschwunden. Das liegt daran, das die Zwilling-Katze mehr als alle anderen Katzen die freie Natur liebt. Sie braucht ihren Freiraum – und davon jede Menge. Es liegt ihr im Blut, neue Territorien zu erforschen und herumzustreifen. Aber sie wird immer nach Hause zurückkehren.

Wenn Sie Ihre Zwilling-Katze als Wohnungskatze halten, dann achten Sie darauf, dass sie jederzeit Zugang zu einem Fenstersims hat, von wo aus sie den Sonnenschein und die frische Luft genießen kann. Ziehen Sie die Vorhänge auf, öffnen Sie die Jalousien und kippen Sie das Fenster, damit Ihre Katze die Brise schnuppern kann. Wenn möglich, lassen Sie sie auf den Balkon Ihrer Wohnung, oder bringen Sie ihr bei, an Geschirr und Leine zu gehen, damit Sie sie auf einen Spaziergang in den Stadtpark mitnehmen können. Diese höchst aktive Katze braucht die stimulierenden Reize durch die freie Natur, um körperlich und geistig fit zu bleiben.

Sie sollten Ihre Zwilling-Katze nie als selbstverständlich erachten. Das gilt übrigens für alle Hauskatzen. Sie braucht jeden Tag Aufmerksamkeit und Zuwendung. Sonst langweilt sie sich, wird depressiv und zeigt Persönlichkeitsveränderungen – und das nicht zu ihrem Vorteil. In solchen Fällen wird sie ihren Frust höchstwahrscheinlich an Ihrer Porzellanfigurensammlung auslassen. Also achten Sie darauf, sie jeden Tag mit Liebe zu überschütten, und gönnen Sie ihr hin und wieder ein besonderes Spielzeug oder eine Leckerei, um ihr zu zeigen, wie sehr Sie sie mögen. Aber erwarten Sie nicht, dass Ihre Zwilling-Katze Ihnen ihrerseits Zuneigung zeigt, wann immer Sie das möchten. Das liegt ihr nicht. Sie wird Ihre Liebe erwidern, wenn sie dazu Lust hat.

Kontaktfreudigkeit

Die Zwilling-Katze fürchtet sich nicht vor dem Scheinwerferlicht. Sie ist eine geborene Schmierenkomödiantin, die jederzeit und überall eine Showeinlage bieten kann. Unter Ihren Gästen ist sie der Renner – vorausgesetzt, diese finden es komisch, wenn Ihre Zwilling-Katze mit ihren Schnürsenkeln spielt oder auf ihren Schoß springt und verlangt, gestreichelt zu werden.

Während Sie und Ihre Gäste in eine ernsthafte Diskussion versunken sind, spaziert Ihre Zwilling-Katze sehr wahrscheinlich ins Wohnzimmer und lässt einem Ihrer Gäste ihr Lieblingsspielzeug vor die Füße fallen. Sie erwartet dann selbstverständlich, dass man mit ihr spielt.

Zeit zum Spielen

Die Zwilling-Katze liebt Spielzeug, Spielzeug und noch mehr Spielzeug, insbesondere Sachen, die quietschen, und Bälle mit Glöckchen im Innern. Damit kann sie sich stundenlang beschäftigen. Aber verwöhnen Sie Ihre Katze nicht allzu sehr, indem Sie ihr ein ganzes Kaufhaus voller Spielzeug anschaffen. Tauschen Sie die Spielzeuge öfter einmal aus. Nehmen Sie ihr einige Sachen weg, und geben Sie sie ihr einen Monat später wieder.

Da die Zwilling-Katze energiegeladen und gern in Bewegung ist, sollten Sie darauf achten, dass die Spielzeuge sich nicht statisch aufladen können. Die Spielzeuge für die Zwilling-Katze müssen Lärm machen oder über den Fußboden schlittern können. Beobachten Sie bei Gelegenheit, wie clownesk sie sich benimmt, wenn Sie sie mit einem Pingpongball oder einem Gummiball spielen lassen.

Eigenarten

Die Zwilling-Katze legt bisweilen ein zwanghaftes Verhalten an den Tag, das Sie in den Wahnsinn treiben kann. Was es auch ist, Sie werden es ihr nicht dadurch abgewöhnen, dass Sie sie ausschelten. So könnte sie beispielsweise mit Vorliebe die Polstermöbel aufkratzen, Ihre Topfpflanzen ausgraben (oder, schlimmer noch, die der Nachbarn) beziehungsweise jedes Mal laut jaulen, wenn Sie die Tür zum Badezimmer schließen.

Gesundheit

Obwohl die Zwilling-Katze gesellig ist, neigt sie zu nervösen Störungen und auch zu Depressionen, hauptsächlich aufgrund von räumlicher Beengtheit oder Mangel an stimulierenden Reizen. Die Zwilling-Katze braucht viel frische Luft und körperliche Aktivität, um dauerhaft glücklich zu sein. Wenn möglich, lassen Sie sie ins Freie, damit sie Libellen und Laub jagen kann, oder gehen Sie wenigstens mehrmals die Woche mit ihr spazieren.

Eine frei gehaltene Zwilling-Katze bleibt meist gut in Form. Wenn sie sich verletzt, dann für gewöhnlich an Schultern oder Beinen. Sie sollten Ihre Zwilling-Katze regelmäßig auf blaue Flecke, Schnittwunden oder Muskelzerrungen untersuchen, indem Sie ihren Körper vorsichtig abtasten.

Menschliche Gefährten

Die Zwilling-Katze ist eine Familienkatze. Sie liebt Menschen und Aktivität – je mehr, desto besser. Kein Haushalt kann zu laut, zu hektisch oder zu umtriebig sein – solange sie nur immer an dem Spaß teilhaben darf.

Zwei Pfoten nach oben

Bei Besitzern mit den Sternzeichen Widder, Löwe, Waage oder Wassermann.

Widder: Ihre Unabhängigkeit und Ihr Selbstbewusstsein wirken auf die Zwilling-Katze anregend. Sie wird manchmal sogar glauben, ihren Meister gefunden zu haben. Da Sie und die Zwilling-Katze über eine Fülle an Energie verfügen, sollten Sie eigentlich prima miteinander auskommen.

Löwe: Die Zwilling-Katze weiß mit dem Umstand umzugehen, dass Sie keine festen Abläufe mögen und sie wahrscheinlich immer nur dann füttern, wenn es Ihnen gerade passt. Sie verfügen ebenso wie Ihre Katze über ein hohes Maß an Energie und genießen Rummel und Kurzweil.

Waage: Sie sind zwar ein liebevoller Mensch, aber Sie werden Ihre Zwilling-Katze nicht mit allzu viel Liebe ersticken. Sie mögen Menschen, Partys und ausgefallene Vergnügungen – ebenso wie Ihre Katze, die Sie ihre Gegenwart eindeutig spüren lassen wird.

Wassermann: Sie sind stolz auf Ihre Katze und präsentieren gern ihre Intelligenz, indem Sie sie all die Tricks vorführen lassen, die Sie ihr beigebracht haben. Diese Beziehung ist der reine Spaß und wird Besitzer und Katze lange Zeit glücklich machen.

Eine Pfote nach oben
Bei Besitzern mit den Sternzeichen Zwilling, Schütze oder Steinbock.

Zwilling: Je nach Wochentag und Position von Mond und Sternen kann sich diese Beziehung großartig oder frustrierend gestalten. Sie beide werden einander ständig auf die Probe stellen und gegenseitig quälen, aber sie beten sich auch an und sorgen beiderseits für viel Unterhaltung.

Schütze: Sowohl Sie als auch Ihre Katze lieben Amüsement und besitzen einen unbändigen Drang nach Freiheit. Wenn die Zwilling-Katze streunt und zum Abendessen nicht nach Hause kommt, gehen Sie einfach davon aus, dass sie sich anderswo vergnügt.

Steinbock: Sie neigen dazu, zu viel zu arbeiten – gehen im Morgengrauen aus dem Haus und kommen erst gegen Mitternacht wieder. So bleiben nicht viele Stunden, in denen Sie mit Ihrer Zwilling-Katze spielen können, aber Sie widmen ihr so viel Zeit, wie Sie nur aufbringen können.

Zwei Pfoten nach unten
Bei Besitzern mit den Sternzeichen Stier, Krebs, Jungfrau, Skorpion oder Fische.

Stier: Wahrscheinlich lassen Sie Ihre Zwilling-Katze nie aus dem Haus. Stattdessen wollen Sie, dass die Katze auf Ihrem Schoß sitzt, wenn Sie fernsehen oder lesen. Dabei sehnt sie sich danach, ins Freie zu stürmen und sich körperlich zu betätigen.

Krebs: Sie machen sich ständig Sorgen, darum werden Sie niemals mit einer Katze glücklich sein können, die gern streunt. Wenn die Zwilling-Katze nicht zur Fütterungszeit nach Hause kommt oder die ganze Nacht wegbleibt, rufen Sie wahrscheinlich gleich alle Nachbarn an, damit sie Ihnen bei der Suche helfen.

Jungfrau: Von allen Sternzeichen sind Sie für eine Zwilling-Katze am wenigsten geeignet. Sie leben nach festen Abläufen und werden die Zwilling-Katze zu Tode langweilen, indem Sie ihr ständig dasselbe füttern und sie ihr Leben lang mit demselben Spielzeug spielen lassen.

Skorpion: Ihre Katze wird Ihnen mit ihrem Streunen und ihren Streichen wahrscheinlich viel Kummer bereiten. Die Zwilling-Katze versteht im Gegenzug nicht, warum Sie darüber so wütend werden oder weshalb Sie ein derart starkes Bedürfnis nach strikter Disziplin verspüren.

Fische: Sie sind sehr emotional und sentimental und wissen die Unabhängigkeit der Zwilling-Katze wahrscheinlich nicht zu schätzen. Wenn sie keine Lust hat, auf Ihre Bitte hin auf Ihren Schoß zu springen, sind Sie verletzt, weil Sie die Dinge gern persönlich nehmen.

Kinder

Die Zwilling-Katze versteht sich großartig mit Kindern, besonders mit Kleinkindern. Beide sind voller Energie und verfügen nur über eine kurze Aufmerksamkeitsspanne.

Sie müssen sich auch nie Sorgen machen, dass sich diese Katze und die Kinder miteinander langweilen könnten. Wenn ein Kleinkind auf den Schwanz der Zwilling-Katze tritt, wird diese laut aufjaulen, davonspringen und gleich darauf wiederkommen, um weiterzuspielen. Sie liebt es, sich vor den Kindern zu verstecken, und sie dann spielerisch anzuspringen, wenn sie vorbeilaufen. Die Kinder werden verzückt aufquietschen, und die Katze sucht sich rasch ein neues Versteck.

Freunde und Partner

Die Zwilling-Katze kommt mit den meisten Haustieren gut zurecht, vor allem mit anderen Katzen oder mit Hunden, die gern viel laufen. Die Zwilling-Katze liebt einen Kumpel, den sie jagen kann. Für sie sind andere Tiere lebende Spielzeuge.

Der beste Katzenpartner für eine Zwilling-Katze ist eine Zwilling-Katze. Die beiden kommen von Anfang an gut miteinander aus und genießen es, die Welt gemeinsam zu erforschen. Zur Schlafenszeit werden sie sich aneinander kuscheln.

Die meisten Katzensternzeichen sind gute Gefährten für die Zwilling-Katze, mit Ausnahme der Stier-Katze, die all die verrückten Einfälle der vergnügungssüchtigen Zwilling-Katze weder zu schätzen weiß noch tolerieren wird.

Die Zwilling-Katze liebt es, ...

... mit kalten Spaghetti zu spielen.

... durch hohes Gras zu laufen.

... Geschenkpapier zu zerpflücken.

... getrocknete Milch vom Kinn eines Babys zu lecken.

Der Streuner des Präsidenten

Tiger, die Hauskatze von US-Präsident Calvin Coolidge, hasste es, zu Hause eingesperrt zu sein. Also stürmte Tiger eines Tages im Jahr 1923 auf typische Zwilling-Manier aus dem Weißen Haus und sprang die Pennsylvania Avenue hinunter. Als die Katze an diesem Abend nicht zurückkehrte, tat der Präsident das, was die meisten Menschen im Sternzeichen Krebs auch getan hätten: Er bat alle und jeden um Hilfe, seine verlorene Katze wiederzufinden.

Coolidge wandte sich an das neue Medium Radio und gab eine Beschreibung der vermissten Katze über Rundfunk durch. Es funktionierte. Tiger wurde gefunden und zur unendlichen Erleichterung des Präsidenten ins Weiße Haus zurückgebracht.

Doch Tigers Wanderlust war größer als die Zuneigung des Präsidenten. Einige Wochen später büchste die Katze ein zweites Mal aus und wurde vom Präsidenten und seiner Familie niemals wiedergesehen.

Die Krebs-Katze

22. Juni bis 23. Juli

Liebevoll
Hingebungsvoll
Launisch
Sensibel
Fürsorglich

Die Krebs-Katze ist *die* Schoßkatze überhaupt. Sie lässt sich gern in den Arm nehmen, halten und streicheln. Man kann dieser Katze gar nicht zu viel Liebe angedeihen lassen. Sie schnurrt unaufhörlich und zeigt Ihnen ihre Hingabe und Loyalität von morgens bis abends.

Sie folgt Ihnen überall hin. Wenn Sie am Morgen duschen, wird die Krebs-Katze bei Ihnen im Badezimmer sitzen. Da die meisten Krebs-Katzen dazu neigen, alles nachzuahmen, was sie sehen, wird sich die Katze möglicherweise sogar auf der Badmatte putzen, während Sie duschen.

Wenn Sie anschließend in die Küche gehen, folgt Ihnen die Krebs-Katze auf den Fersen. Ihr Schnurren wird in Erwartung des Frühstücks zunehmend lauter. Kaum hat sie ihr Fressen hinuntergeschlungen, werden Sie kaum noch dazu kommen, die Zeitung zu lesen, weil die Krebs-Katze auf Ihren Schoß springt oder versucht, Ihre Aufmerksamkeit zu erregen, indem sie mit der Pfote auf den Sportteil einschlägt.

Sobald Sie zur Arbeit aufbrechen wollen, sitzt sie neben der Wohnungstür und hofft, noch ein paarmal zärtlich von Ihnen gestreichelt zu werden, bevor Sie gehen. Dann verbringt sie den Rest des Tages zufrieden ausgebreitet auf dem Fenstersims und nimmt die Sonnenstrahlen in sich auf. Neben dem Austausch von Zärtlichkeiten gehören Nickerchen zu ihren Lieblingsbeschäftigungen.

Die Krebs-Katze weiß genau, wann Sie abends nach Hause kommen und wird neben der Wohnungstür auf Ihre Rückkehr warten. Sie begrüßt Sie mit viel Miauen und Beinreiben. Jetzt sollten Sie in der Babysprache mit ihr reden, denn die Krebs-Katze blüht bei diesen warmen, gurrenden Lauten regelrecht auf.

Darf die Krebs-Katze ins Freie, wird sie immer in der Nähe des Hauses bleiben. Sie genießt die Annehmlichkeiten der Wohnung viel mehr als die Jagd auf Vögel im Garten.

Wenn Sie das Abendessen zubereiten, besteht Ihr einziges Problem darin, nicht über Ihre Katze zu stolpern – sie läuft Ihnen nicht deshalb zwischen die Beine, weil sie hungrig wäre, sondern weil sie in Ihrer Nähe sein will. Es wird zwar nicht leicht sein, aber Sie sollten ihr unbedingt beibringen, sich von der Küche fern zu halten, damit Sie nicht eines Tages über sie stolpern.

Beim Fernsehen oder bei der abendlichen Lektüre

dürfen Sie getrost davon ausgehen, dass die Krebs-Katze auf Ihrem Schoß liegen und gestreichelt werden will. Wenn Sie dann bettreif sind, hat sie sich bereits auf Ihrem Kopfkissen eingerollt.

Obwohl die Krebs-Katze im Allgemeinen ruhig und entspannt ist, neigt sie auch zu Launenhaftigkeit. Es mag Zeiten geben, in denen sie aus Gründen, die nur sie kennt, keine Lust hat, zu schnurren oder auf Ihren Schoß zu springen, wenn Sie das gerade möchten. Aber solche Momente kommen nicht allzu häufig vor.

Die Krebs-Katze mag keine lauten Stimmen, besonders dann nicht, wenn sie ihr gelten. Es bringt Ihnen nichts, diese sensible, emotionale Katze anzuschreien. Sie wird sich dadurch nur von Ihnen zurückziehen, höchstwahrscheinlich an ihr geheimes Versteck hinter dem Trockner.

Die Krebs-Katze vergisst nichts – niemals. Besonders nicht die Spritze, die sie beim Tierarzt bekam. Sie weiß, eine Ausfahrt im Auto bedeutet, dass ein Süßholz raspelnder, weiß gekittelter Mensch eine Nadel in sie stoßen wird. Wenn Sie sie nicht in einen Transportkorb stecken, wird sie sich in Ihrem Auto in eine Wildkatze verwandeln.

Kontaktfreudigkeit

Wenn Sie Besuch bekommen, wird die Krebs-Katze die Gäste nicht an der Haustür begrüßen, wie sie es bei Ihnen macht. Sie mag keine Fremden und wird sich wahrscheinlich zurückziehen, bis Ihre Gäste wieder gegangen sind.

Vielleicht können Sie sie mit sanftem Zureden aus Ihrem Versteck locken – aber nur für wenige Augenblicke. Sobald die Krebs-Katze spürt, dass einer Ihrer Gäste kein Katzenmensch ist, flitzt sie aus dem Raum. Was immer Sie tun, bedrängen Sie die Krebs-Katze nicht, sonst könnte es zu Füßen Ihrer Gäste zu einem peinlichen Hygieneunfall kommen.

Zeit zum Spielen

Die Krebs-Katze braucht nicht viel Spielzeug zu ihrem Glück. Alles, was sie will, sind ein paar weiche, knuddelige Spielsachen, die sie herumwirbeln und neben denen sie sich ausstrecken kann.

Sie bevorzugt einfaches Spielzeug: ein Wollknäuel oder auch eine zerknüllte Zeitungsseite. Ein Spielzeug mit Katzenminzefüllung bringt die einfältige Seite ihrer Persönlichkeit zutage, aber erwarten Sie nicht, dass sie sich allzu albern verhält. Das ist nicht ihr Stil.

Eigenarten

Die Krebs-Katze ist buchstäblich mondsüchtig. Mehr als alle anderen Katzen wird die Krebs-Katze vom Mond beeinflusst, denn astrologisch gesehen wird sie von ihm regiert.

So kann sie unter Umständen abends auf und ab tigern und winselnd und heulend an der Tür kratzen, um nach draußen zu kommen. Es hilft nicht, sie auszuschelten. So verhält sie sich eben während des Vollmonds. Lassen Sie sie in Ruhe, dann wird sie schon bald wieder so normal, süß und liebevoll wie immer sein.

Gesundheit

Die Krebs-Katze ist ungeheuer sensibel, darum neigt sie zu Magenproblemen, die durch Stress oder Angst verursacht werden – aber nur, wenn sie in einem spannungsreichen Haushalt lebt. Schreien sich die Familienmitglieder an oder streiten sie viel, kann sich etwas von dieser Stimmung auf die Katze übertragen, die sich dann gern unter dem Bett versteckt. Das führt auf Dauer zu Erkrankungen des Magen-Darm-Trakts einschließlich Magengeschwüren.

Nichts lässt die Krebs-Katze schneller altern als Stress. Große Veränderungen, beispielsweise der Um-

zug in ein neues Haus, werden von ihr nicht leicht be-
wältigt. Und sie leidet enorm, wenn Sie häufig für län-
gere Zeit unterwegs sind und sie solange in ein Pflege-
heim kommt.

Menschliche Gefährten

Die Krebs-Katze will immer geliebt werden, darum
braucht sie ständig gutes Zureden von ihrem Besitzer.
Sie fühlt sich nur in einer häuslichen Umgebung sicher,
in der eine entspannte und liebevolle Atmosphäre
herrscht. An eine Familie, bei der eine Aufregung die
andere jagt, kann sie sich nicht gewöhnen.

Zwei Pfoten nach oben

Bei Besitzern mit den Sternzeichen Stier, Krebs, Skorpion, Steinbock oder Fische.

Stier: Sie und die Krebs-Katze sind wie füreinander ge-
schaffen. Sie geben ihr die emotionale Sicherheit, die
sie braucht. Lieber bauen Sie ihr ein Katzenhäuschen
als in die Stadt zu gehen und sich zu amüsieren.

Krebs: Sie lieben Ihr Heim und alles, was darin ist, darum knüpfen Sie ein ganz spezielles Band zu Ihren

Haustieren und behandeln sie beinahe wie Menschen. Sie haben eine besonders intensive Beziehung zu Krebs-Katzen.

Skorpion: Sie wissen die Liebe und Zuneigung zu schätzen, die eine Krebs-Katze schenkt, besonders wenn Sie nach einem schweren Arbeitstag nach Hause kommen. Die Krebs-Katze wird sich in Ihr Herz schleichen, bis zu dem Punkt, an dem Sie sie hoffnungslos verwöhnen wollen. Was Sie aber nicht tun werden.

Steinbock: Als gewissenhafter, sensibler Besitzer bieten Sie die Sicherheit und emotionale Stabilität, die die Krebs-Katze braucht. Es gefällt Ihnen, wenn man Ihnen Zuneigung entgegenbringt, und das wird die Krebs-Katze nur zu gern tun.

Fische: Sie schmusen von Natur aus gern und verbringen viel Zeit damit, Ihre Krebs-Katze zu pflegen und zu hätscheln. Sie gehören zu der Sorte Besitzer, die auf dem Weg von der Arbeit irgendwo einkehren, um der Krebs-Katze eine besondere Leckerei zu kaufen. Manche Fische-Menschen mögen Katzen mehr als Menschen.

Eine Pfote nach oben

Bei Besitzern mit den Sternzeichen Löwe, Jungfrau oder Waage.

Löwe: Wenn Sie das Gefühl abschütteln, dass die emotionalen Bedürfnisse der Krebs-Katze für Sie zu anspruchsvoll sein könnten, geben Sie beide ein gutes Paar ab. Vergessen Sie nur nicht, Ihre Krebs-Katze hin und wieder zu verwöhnen.

Jungfrau: Sie werden nicht immer begreifen, warum sich diese Katze so sehr nach Liebe sehnt. Aber da Ihnen feste Abläufe am Herzen liegen, vermitteln Sie der Krebs-Katze das Gefühl der Sicherheit. Sie werden ihr wahrscheinlich einen gemütlichen Katzenkorb neben Ihr Bett stellen, sie jedoch nie in Ihr Bett lassen.

Waage: Sie können eine starke Beziehung zu der Krebs-Katze aufbauen, wenn Sie ihr dieselbe Zuneigung schenken, die sie Ihnen zukommen lässt. Sollten Sie sich jedoch zu sehr in Ihre eigene Welt einkapseln, wird sich Ihre Katze sehr einsam fühlen.

Zwei Pfoten nach unten

Bei Besitzern mit den Sternzeichen Widder, Zwilling, Schütze oder Wassermann.

Widder: Möglicherweise bereitet es Ihnen Schwierigkeiten, alle emotionalen Bedürfnisse der Krebs-Katze zu erfüllen. Die Verpflichtung, der Krebs-Katze all die Zuneigung zu geben, nach der sie sich sehnt, ist Ihnen schon fast zu viel. Außerdem ist die Krebs-Katze nicht so aktiv, wie Sie sich das wünschen.

Zwilling: Emotional und astrologisch gesehen ist diese Beziehung die am wenigsten wünschenswerte. Sie verstehen diese Katze einfach nicht und fühlen sich von ihrer unerbittlichen Forderung nach Liebe abgestoßen. Darüber hinaus weiß die Krebs-Katze Ihren bisweilen unbeständigen Charakter nicht zu schätzen.

Schütze: Sie mögen Katzen, die unabhängig sind und so wenig Pflege wie möglich benötigen, also das genaue Gegenteil der Krebs-Katze. Sollten Sie bereits eine Krebs-Katze besitzen, schenken Sie sie lieber Nachbarn oder Verwandten und besuchen Sie sie dort zweimal im Monat, um mit ihr zu spielen.

Wassermann: Sie werden dieser Katze lieber Tricks beibringen wollen, als ihr die Zuneigung zu schenken, die
sie braucht. Ihre Unvorhersehbarkeit könnte der Krebs-
Katze leicht zu viel werden. Am Ende müssen Sie Ihr
Haustier zu einem Katzenpsychologen tragen.

Kinder

Die Krebs-Katze mag Kinder, vor allem die Aufmerksamkeit und das Gekraultwerden. Sie fühlt sich wohler
mit Kindern, die sanft sind, weil sie nicht gern rauft.
Diese Katze lässt sich wahrscheinlich von Ihren Kleinen
Kleider überziehen, ohne sich allzu sehr dagegen zu
wehren.

Die Krebs-Katze scheint Kinder besser zu verstehen
als die meisten anderen Katzen. Genauer gesagt verfügt
die Krebs-Katze über eine erstaunliche Fähigkeit, mit
Babys und Kleinkindern zu kommunizieren. Wenn ein
Kind im Kindergartenalter von seinen Eltern gescholten
wurde, schlendert diese Katze instinktiv zu ihm und
bietet ihren Trost an.

Freunde und Partner

Nach dem ersten Schock, den ein neues Haustier immer bereitet, begrüßt die Krebs-Katze so gut wie jedes

Tier in der Familie, besonders eines, neben dem sie sich nachts einrollen kann.

Die Krebs-Katze pflegt und versorgt fast jedes Neugeborene. Sie haben sicher schon Fotos gesehen, auf denen eine Katze kleine Küken bemutterte. Mit größter Wahrscheinlichkeit handelte es sich dabei um eine Krebs-Katze. Katzen, die in diesem Sternzeichen geboren wurden, haben den angeborenen Drang, für alle Jungtiere zu sorgen, die das zulassen.

Der beste Kumpel für eine Krebs-Katze ist ein Haustier mit demselben Sternzeichen. Sie werden sich eng anfreunden. Der kleine Nachteil ist, dass beide um Ihre Aufmerksamkeit buhlen werden.

Andere geeignete Sternzeichen sind der Stier – aufgrund seines liebevollen Naturells – und die Fische – wegen ihrer zärtlichen Persönlichkeitsstruktur. Vermeiden Sie Zwilling-Geborene, denn sie werden mit ihren Verrücktheiten die Krebs-Katze nur verwirren.

Die Krebs-Katze liebt es, ...

...wenn ihr Besitzer zärtlich süße Nichtigkeiten in ihr Ohr flüstert.

...mit den Pfoten über einen angelaufenen Badezimmerspiegel zu streichen.

...dem Klang der Stille zu lauschen.

...die Tränen auf dem Gesicht eines traurigen Kindes aufzulecken.

Eine Katze im Vatikan

In typischer Krebs-Manier spendete eine süße, kleine, rot-graue Katze namens Micetto Papst Leo XIII. Trost und Freude.

Micetto wurde im Vatikan geboren – in der Raphael-Loggia – und durfte mit Erlaubnis des Papstes, der die Hingabe und Zuneigung der Katze liebte, in der Sixtinischen Kapelle frei herumlaufen.

Die Katze und Papst Leo, ein Fische-Geborener, gaben astrologisch gesehen das perfekte Paar ab. Überall gingen sie gemeinsam hin. Micetto saß leise zwischen den Falten der Robe des Papstes, wann immer seine Heiligkeit ihm eine Audienz gewährte.

Kurz bevor Papst Leo 1903 starb, schenkte er seine geliebte Katze dem am Vatikan akkreditierten Botschafter Chateaubriand, weil er wusste, dass Micetto bei ihm gut aufgehoben sein würde.

Die
Löwe-Katze
24. Juli bis 23. August

Stolz
Egozentrisch
Angeberisch
Gerissen
Extrovertiert

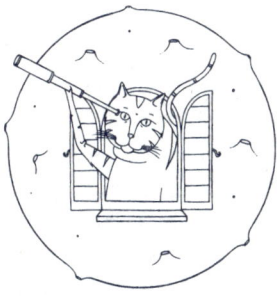

In den Tierkreiszeichen regiert der Löwe über alle anderen Tiere, und die Löwe-Katze verhält sich ungeachtet ihrer Größe genauso.

Ihr Thron kann das Fensterbrett sein, der Kleiderschrank oder ein Kissen auf Ihrem Sofa. Diesbezüglich haben Sie als Besitzer nur wenig zu melden – selbst wenn sich die Löwe-Katze Ihr geliebtes Patchworkkissen aussucht, das Sie eigenhändig mühsam genäht haben.

Die Löwe-Katze ist ein stolzes Tier, das sich nach dem Rampenlicht verzehrt. Sie weckt Ihre Aufmerksamkeit, indem sie auf den Tasten des Klaviers spaziert, mit der Schaumkrone in der Küchenspüle spielt oder Ihnen das Buch, das Sie gerade lesen, aus der Hand schlägt. Wenn die Löwe-Katze einen bühnenreifen Auftritt hinlegt, dann erträgt sie es nicht, ignoriert zu werden.

Wenn sonst nichts hilft, wird sie mit ihrer Gerissenheit die Aufmerksamkeit wecken, die sie ihrer Meinung nach verdient. Sobald Sie nicht hinsehen, stellt sie sich mit den Hinterbeinen auf die Couch und schlägt mit der Pfote Ihr Lieblingsölgemälde von der Wand. Dann kauert sie sich daneben, als ob sie ein unschuldiger Zuschauer wäre, der nur knapp schweren Verletzungen entgangen ist. Oder sie stellt sich hinter eine Topfpflanze und miaut lautstark, als ob sie verletzt wäre. Was sie natürlich nicht ist, aber sie weiß, dass Sie daraufhin angerannt kommen.

Je mehr die Löwe-Katze gepflegt und herausgeputzt wird, desto glücklicher wird sie sein. Sie ist sogar derart egozentrisch, dass sie sich nicht einmal groß dagegen wehrt, gebadet zu werden, weil sie weiß, dass sie nach einer Nassbehandlung umso königlicher wirkt. Ihre Majestät ist der Ansicht, dass es ihr gutes Recht ist, über das Haus zu herrschen, und dass Ihre Pflicht darin besteht, ihr zu dienen. Sie lebt in dem Glauben, dass Sie ihr Haustier sind, nicht umgekehrt.

Die Fütterungszeit der Löwe-Katze darf keine Nebensache sein. Gestalten Sie die Speisung zu einem Event. Ihre Katze erwartet, dass Sie sie zum Fressen herbeirufen, und in dem Augenblick, in dem sie eintrifft, sollten Sie das Futter besser in einem sauberen Napf serviert haben – keine Risse oder angeschlagenen Stellen, bitte. Und selbstverständlich sollte der Napf auf einer besonderen Matte stehen. Sorgen Sie außerdem dafür, dass das Mahl auch dem Geschmack Ihrer Katze entspricht,

sonst wird sie mit einem indignierten Schnaufer davon-
stolzieren.

Nach dem Essen kommt die übliche Körperpflege, die
bei der Löwe-Katze für gewöhnlich länger dauert als bei
allen anderen Katzen. Dann geht es für ein Nickerchen
zurück auf den Thron.

Als Wohnungskatze verfügt sie über die Fähigkeit,
sich selbst mit traditionellem Katzenspielzeug zu unter-
halten. Aber höchstwahrscheinlich sitzt sie lieber auf
dem Fensterbrett und beobachtet Vögel und Schmetterlinge. Sie weiß, dass sie unter anderen Umständen alles
fangen könnte, was sich bewegt, egal, wie groß es auch
sein mag.

Wenn die Löwe-Katze ins Freie darf, wird sie beweisen, was für eine begnadete Jägerin sie ist, indem sie eine Anzahl toter kleiner Lebewesen an der Hintertür de-
poniert. Selbstverständlich erwartet sie, für ihren Beute-
Erfolg angemessen gelobt zu werden.

Die Löwe-Katze kann gut allein bleiben, aber sie geht
fest davon aus, dass Sie jedes Mal, wenn Sie morgens
das Haus verlassen, eine aufwändige Abschiedsszene
veranstalten, und abends, wenn Sie nach Hause kommen, eine entsprechende Begrüßung stattfindet. Am
Abend wird sie dann einige Zeit mit Ihnen verbringen

wollen. Sie hat voller Geduld auf Sie gewartet, und als Gegenleistung dafür erwartet sie nun ihrerseits etwas Aufmerksamkeit von Ihnen.

Die Löwe-Katze neigt dazu, hin und wieder ungezogen zu sein, für gewöhnlich, wenn sie sich vernachlässigt vorkommt. Sie weiß, dass sie das Fliegengitter am Fenster nicht mit ihren Krallen aufreißen darf, aber egal wie viel Sie brüllen, es wird sie nicht davon abbringen. Schenken Sie ihr mehr Aufmerksamkeit, zum Beispiel, indem Sie sie regelmäßig bürsten – das wirkt Wunder in Bezug auf ihr Verhalten.

Die Löwe-Katze will nicht unbedingt neben Ihnen im Bett schlafen, aber sie will in Ihrer Nähe sein. Achten Sie darauf, dass sie einen eigenen Katzenkorb hat. Natürlich nicht irgendeinen Korb, sondern etwas Prächtiges und Weiches.

Kontaktfreudigkeit

Wenn es klingelt, rast die Löwe-Katze los, um als Erste an der Tür zu sein. Ihr Schwanz ragt steil nach oben, ihre Ohren sind gespitzt, und ihre Augen funkeln in freudiger Erwartung, jemand Neuem zu begegnen. Sie vermag Fremde in Bruchteilen einer Sekunde einzuschätzen, und wenn ihr gefällt, was sie sieht, tänzelt die Löwe-Katze so lange vor Ihrem Gast herum, bis sie beachtet wird.

Die Löwe-Katze giert nach Aufmerksamkeit. Sie tritt auch gern vor Publikum auf, egal ob vor einem oder vor hundert Menschen. Vor ihren Gästen wird sie durch Reifen springen, Purzelbäume schlagen oder auf den Hinterbeinen stehen. Alle werden Sie bewundern, da Sie offenbar ein herausragender Tierdresseur sind, und werden Sie fragen: »Wie haben Sie Ihre Katze nur dazu gebracht?« Sie müssen darauf nicht wahrheitsgetreu antworten – dass nämlich die Löwe-Katze furchtbar schlau ist und fast alles von allein lernt.

Zeit zum Spielen

Die Löwe-Katze ist agil und mag bewegungsorientierte Spielsachen, beispielsweise Gummibälle, aber auch alles, was quietscht. Es gefällt ihr, von einem Ort an den anderen zu springen, darum macht sie ein Kletterbaum besonders glücklich.

Wenn Sie mit ihr spielen, seien Sie vorsichtig. Die Löwe-Katze neigt zu aggressivem Verhalten und könnte mit ihren Krallen oder Zähnen unabsichtlich Blut fließen lassen – Ihr Blut natürlich.

Eigenarten

Anders als andere Katzen mag die Löwe-Katze die Dunkelheit nicht. Nachts schläft sie vorzugsweise neben einem Fenster, durch das das Licht einer Straßenlaterne oder das Mondlicht fällt. Oder sie schläft neben einem Nachtlicht. Während des Tages sollten Sie nicht davon ausgehen, dass sie sich in dunklen Ecken versteckt. Das ist nicht ihr Stil. Wo es Licht gibt, da ist auch die Löwe-Katze.

Gesundheit

Im Allgemeinen ist die Löwe-Katze gesund und robust. Wenn es ein gesundheitliches Problem gibt, dann meist mit dem Herzen. Sie neigt zu Viruserkrankungen und zu Infektionen des Herzens. Darf die Löwe-Katze nach draußen, gehört sie zu den Katzen, die oft von für sie gefährlichen Herzwürmern befallen werden.

Selten leidet die Löwe-Katze an chronischen Krankheiten. Wenn es Zeit ist zu gehen, dann geht sie auch – und stirbt.

Menschliche Gefährten

Die Löwe-Katze ist das richtige Tier für jeden Katzenliebhaber. In einem Heim, in dem sie rundum geschätzt und wie ein Familienmitglied behandelt wird, fühlt sie sich am wohlsten. Sie versteht sich großartig mit Jung und Alt – vorausgesetzt, sie darf jeden Tag ins Scheinwerferlicht.

Zwei Pfoten nach oben

Bei Besitzern mit den Sternzeichen Widder, Löwe, Schütze oder Steinbock.

Widder: Ihr selbstsicheres Naturell weist die Löwe-Katze in ihre Schranken. Obwohl Sie beide von Zeit zu Zeit so manchen Kampf ausfechten werden, empfinden Sie echte Liebe und Respekt füreinander und genießen viele glückliche Momente.

Löwe: Sie geben ein gutes Paar ab, weil Sie sie stundenlang striegeln und mit ihr spielen werden. Da Sie die feinen Dinge des Lebens zu schätzen wissen, werden Sie für Ihre Löwe-Katze nur das Beste kaufen, einschließlich eines edlen Halsbandes. Danach können Sie es kaum erwarten, sie Ihren Freunden zu zeigen.

Schütze: Sie sind ein kreativer Mensch und werden sich viele faszinierende Spiele für Ihre Löwe-Katze ausdenken. Sie wünschen sich ein interessantes Leben und werden alles tun, um auch Ihrer Löwe-Katze ein solches Leben zu bieten.

Steinbock: Als starker, aufrechter und ehrlicher Besitzer behandeln Sie Ihre Löwe-Katze als Indiz für Ihren Selbstwert. Sie werden sie in eine Schaukatze auf Katzenausstellungen verwandeln und alles tun, was erforderlich ist, damit sie gewinnt. Die Löwe-Katze kann sich darauf verlassen, dass Sie ihr Leben angenehm gestalten werden.

Eine Pfote nach oben
Bei Besitzern mit den Sternzeichen Zwilling, Krebs, Jungfrau, Waage oder Fische.

Zwilling: Sie haben den Dreh heraus, wie man das Leben der Löwe-Katze aufregend und lustig gestaltet. Hüten Sie sich jedoch vor Ihrer Neigung, sich allzu schnell zu langweilen. Wenn Sie Ihre Löwe-Katze ignorieren, wird sie Ihnen viel Kummer bereiten.

Krebs: Sie sorgen gern für andere und werden die Löwe-Katze mit zu viel Zuneigung, zu viel Futter und zu vielen Spielsachen verwöhnen. Sie wird es lieben. Und wenn Sie nicht vorsichtig sind, wird Ihre Katze *Sie* besitzen. (Aber das ist wohl bei allen Katzen der Fall.)

Jungfrau: Als Mensch, der auf Details achtet, werden Sie dafür sorgen, dass Katzenklo und Futternapf stets makellos sauber sind und es immer genügend Trinkwasser für Ihre Katze gibt. Aber wahrscheinlich spielen Sie nicht oft genug mit ihr.

Waage: Als liebevoller Besitzer bereiten Sie Ihrer Löwe-Katze ein angenehmes Leben und verwöhnen sie bestimmt über alle Maßen. Aber Sie dulden keine Ungezogenheiten. Beim ersten Anzeichen von Schwierigkeiten werden Sie wohl ein neues Zuhause für die Löwe-Katze suchen.

Fische: Obwohl Sie Ihrer Löwe-Katze viel Liebe zukommen lassen und all ihre Grundbedürfnisse erfüllen, sind Sie nicht stark genug, um sie auch richtig zu erziehen. Infolgedessen wird die Löwe-Katze zum Herrscher über Ihr Haus.

Zwei Pfoten nach unten

Bei Besitzern mit den Sternzeichen Stier, Skorpion und Wassermann.

Stier: Sie machen sich nicht die Mühe, das beste Futter, die schönsten Spielsachen und den bequemsten Katzenkorb für Ihre Löwe-Katze zu besorgen. Als sinnlicher Menschen werden Sie Ihre Katze regelmäßig streicheln und striegeln, aber aufgrund Ihres spröden Charakters gibt es keinerlei Spontaneität.

Skorpion: Sie dulden keinen der Ausbrüche der Löwe-Katze, insbesondere deshalb nicht, weil Sie selbst Ausbrüche haben, die Ihrer Katze vor Angst das Fell zu Berg stehen lassen. Sie sind für die Löwe-Katze einen Hauch zu gefühlsbetont.

Wassermann: Sie überschütten Ihre Katze nicht mit Geschenken, und die selbstsüchtigen Forderungen der Löwe-Katze sind Ihnen egal. Ihr schauspielerischer Charakter beeindruckt Sie nicht, und Sie haben auch nicht die leiseste Ahnung, was diese Katze glücklich machen könnte.

Kinder

Aufgrund ihres hochherrschaftlichen Naturells hat die Löwe-Katze gemischte Gefühle, was Kinder angeht.

Läuft alles so, wie es die Löwe-Katze will, ist sie glücklich und gutmütig. Die Kinder werden viel Spaß mit ihr haben. Doch sie lässt sich von den Kleinen nichts gefallen. Wenn sie auf irgendeine Art und Weise geneckt oder gedemütigt wird, fährt sie gegenüber ihrem Angreifer die Krallen aus und zischt böse.

Solange die Löwe-Katze das Gefühl hat, alles unter Kontrolle zu haben, spielt sie mit unendlicher Energie mit den Kindern, bis diese müde werden. Wenn es der Löwe-Katze reicht, verschwindet sie einfach.

Freunde und Partner

Obwohl die Löwe-Katze Aufmerksamkeit und Rampenlicht liebt, verhält sie sich gegenüber anderen Tieren und Menschen warmherzig, charmant und freundlich.

Wenn Sie ein neues Haustier in die Familie einführen, ist es der Löwe-Katze egal, ob es sich um einen Hund oder eine Katze handelt. Sie will allerdings der Herr im Haus bleiben und könnte sich härter geben, als sie eigentlich ist, um dem Neuankömmling zu zeigen, wer hier das Sagen hat.

Gehen Sie nicht davon aus, dass die Löwe-Katze ihre Wasserschale, ihren Futternapf oder ihren Katzenkorb mit einer anderen Katze teilt. Abgesehen davon stimuliert ein neuer Spielgefährte die Löwe-Katze und bereitet ihr stundenlang Freude.

Die Löwe-Katze kommt mit den meisten Katzensternzeichen aus. Aber bringen Sie keinen zweiten Löwen ins Haus. Die beiden werden um die Herrschaft streiten und Ihnen nichts als Kummer bereiten. Eine hyperaktive Zwilling-Katze passt ebenfalls nicht zur Löwe-Katze.

Die Löwe-Katze liebt es, ...

... sich im Sonnenschein zu baden.

... ein funkelndes Halsband zu tragen.

... mit ihren Krallen Luftballons zum Platzen zu bringen.

... sich auf einer Hollywoodschaukel zu entspannen, die hin und her schwingt.

Ein Löwe unter den Katzen

Morris, die berühmteste Katze Amerikas, soll ein Löwe gewesen sein.

Der Original-Morris – die hochnäsige, fotogene Katze mit den orangefarbenen Streifen, die man in Amerika als Symbolbild für *9-Lives* Katzenfutter kennt – wurde 1968 in einem Tierheim in Hinsdale im US-Bundesstaat Illinois entdeckt. Der erste Morris war robust und ein Macho mit ausgeprägten Streifen. Im Wettbewerb mit Tausenden anderer vierbeiniger Hoffnungsträger setzte er sich rasch durch und bekam alsbald den Spitznamen »Clark Gable der Katzen«.

Er tourte durch das Land und trat auf Jahrmärkten und bei Katzenausstellungen auf – alles im großen Stil, wie es seinem Sternzeichen entsprach. Häufig flog er erster Klasse und stieg in noblen Hotelsuiten ab. Er speiste seine Pastete und seine *9-Lives* Gerichte natürlich aus Kristallnäpfen.

Als er 1978 starb, hatte Morris die Messlatte für die Werbekatzen von *9-Lives*, die in seine Pfotenstapfen treten sollten, sehr hoch gelegt. Es folgten Morris der Zweite, Morris der Dritte und Morris der Vierte, der im Sommer des Jahres 2000 das Zepter übernahm und bis heute Kampagnen für wohltätige Zwecke anführt.

Die
Jungfrau-Katze
24. August bis 23. September

Vorsichtig
Wählerisch
Einzelgängerisch
Zurückhaltend
Scheu

Von dem Augenblick an, da Sie die Jungfrau-Katze zum ersten Mal in Ihr Heim bringen, wird Ihnen an dem Tier etwas auffallen. Sie wird sich jeden Zentimeter Ihrer Wohnung vornehmen, jeden Raum, jeden Schrank und jede Ecke begutachten. Sie sucht nichts Bestimmtes, inspiziert nur das Territorium. Sie ist eine Katze, die gern alle Fakten auf dem Tisch liegen hat. Vorsicht ist ihr Lebensmotto, und sie hasst Überraschungen.

Bringen Sie eine Tüte aus einem Laden mit, wird die Jungfrau-Katze erst zufrieden sein, wenn sie sie gründlich überprüft hat. Sie schnüffelt ausdauernd an Ihrem neuen Kleid oder an dem tragbaren Fernsehgerät, das Sie in der Küche aufgestellt haben. Sie will sicherstellen, dass beides keine Bedrohung für sie darstellt.

Ebenso wie die Stier-Katze hält sich auch die Jungfrau-Katze gern an feste Abläufe. Während allerdings die Stier-Katze eine sicherheitsliebende Hauskatze ist, genießt die Jungfrau-Katze die freie Natur.

Die Jungfrau-Katze ist sehr wählerisch in dem, was sie frisst, und es kann ein paar Wochen dauern, bis Sie ein Futter gefunden haben, das ihrem Geschmack entspricht. Wenn sie etwas nicht gleich frisst, sollten Sie nicht davon ausgehen, dass sie es später tut, wenn Sie gerade nicht hinsehen. Wenn es sein muss, hungert sie.

Sie erwartet, dass ihr Fressnapf sauber und die Umgebung makellos rein ist. Das sollte Ihnen nicht allzu schwer fallen, denn diese Sauberkeitsfanatikerin auf vier Pfoten frisst vorbildlich. Noch etwas: die Jungfrau-Katze frisst nie zu viel. Sie nimmt nur das zu sich, was sie braucht. Und ob Sie es glauben oder nicht, sie mag gesunde Kost. Sie liebt gekochtes Gemüse und alles, was grün ist. Man kennt Jungfrau-Katzen, die mit Begeisterung Kopfsalat, grüne Bohnen, Spargel und sogar Artischocken mampfen.

Die Jungfrau-Katze frisst vorzugsweise in einer ruhigen, stillen Atmosphäre. Wenn es zur Essenszeit in Ihrem Haushalt laut oder chaotisch zugeht, dann sollten Sie Ihre Katze zu einem anderen Zeitpunkt füttern beziehungsweise im Freien oder in einem Raum, der weit von der Küche entfernt liegt.

Was ihre Sauberkeit angeht, ist sie überaus heikel. Die Jungfrau-Katze kann sich stundenlang putzen und möchte, dass auch ihr Umfeld sauber ist – besonders dort, wo sie frisst und schläft.

Da die Jungfrau-Katze eine Eigenbrötlerin ist, macht es ihr nichts aus, tagsüber oder auch mal ein ganzes Wochenende allein zu bleiben – solange sie nur reichlich Futter und Wasser und eine saubere Katzentoilette hat.

Wenn die Jungfrau-Katze ins Freie darf, kommt die methodische Jägerin in ihr durch. Sie verfügt über grenzenlose Geduld und versteckt sich ausdauernd im Gebüsch, bevor sie sich auf ihre Beute stürzt. Es ist unwahrscheinlich, dass sie in einen Katzenkampf verwickelt wird, da sie viel zu schlau und zu vorsichtig ist, um sich auf eine ernste körperliche Auseinandersetzung einzulassen.

Die Jungfrau-Katze ist zwar freundlich, aber nicht gerade herzlich. Sie ist eine Einzelgängerin und braucht nicht so viel Aufmerksamkeit wie die meisten anderen Katzen. Hin und wieder kommt sie an und reibt sich an Ihrem Bein oder bettelt um ein paar Streicheleinheiten. Wenn sie gestreichelt werden will, seien Sie sanft und flüstern Sie ihr zu. Zwingen Sie ihr Ihre Zuneigung nicht auf. Warten Sie ab, bis sie zu Ihnen kommt, und lassen Sie sie wieder gehen, sobald sie genug Zuwendung hatte.

Wenn sie nicht in der Stimmung ist, werden weder Flehen noch Schelten helfen, sie auf Ihren Schoß zu bringen. In diesem Augenblick existieren Sie für die Jungfrau-Katze einfach nicht. Sie können ihren Namen rufen oder versuchen, sie zu locken – alles zwecklos. Sie spaziert einfach an Ihnen vorbei, ohne das Tempo zu ändern. (Aber öffnen Sie eine Dose Katzenfutter, und Sie werden sehen, wie blitzartig sie vor ihrem Napf steht!)

Kontaktfreudigkeit

Wenn Sie Gäste einladen, sollten Sie nicht erwarten, dass Ihre Jungfrau-Katze um deren Aufmerksamkeit buhlt. Sie sollten nicht einmal erwarten, dass sie sich im selben Raum befinden wird. Da sie im Grunde eine scheue Katze ist, erwärmt sie sich nicht leicht für Fremde. Es dauert lange, bis sie auftaut, selbst bei den Menschen, die Sie am häufigsten besuchen.

Partys stören die Routine der Jungfrau-Katze. Sie hat keinerlei Interesse daran, sich ihren Weg durch einen Wald von Beinen zu bahnen oder von fremden Händen gestreichelt zu werden. Sie wird unter Ihr Bett kriechen und außer Sichtweite bleiben. Erst wenn alle Gäste gegangen sind, wird sie wieder auftauchen und an den halb leeren Gläsern und den Krümeln auf dem Couchtisch schnuppern.

Zeit zum Spielen

Die Jungfrau-Katze kann sich mit den schlichtesten Dingen stundenlang beschäftigen. Ein Gummiband, ein Bleistift oder ein Stück Schnur können Sie durchaus schon zufrieden stellen.

Da sie einen wachen Verstand hat und das Fernsehen sie fasziniert, genießt sie es, ein Video speziell für Katzen anzuschauen – mit Aufnahmen von Vögeln, Mäusen, Käfern und Fischen. (Seien Sie nicht überrascht, wenn Ihre Katze, nachdem sie das Video eine Zeit lang verfolgt hat, plötzlich von der Couch springt und hinter das Fernsehgerät geht, um nachzusehen, woher all diese Tiere kommen.)

Eigenarten

Die Jungfrau-Katze versteckt für ihr Leben gern Schlüssel, Knöpfe und Armbanduhren. Sie stibitzt fröhlich Ihren Ring vom Badezimmerregal und spielt damit, bevor sie ihn im Wäschekorb versteckt. Manchmal hortet sie auch die Dinge, die sie klaut. Wenn Sie nur lange genug suchen, werden Sie die vermissten Socken, Ohrringe und Unterhosen bestimmt hinter der Waschmaschine finden. Genau dort, wo Ihre Katze sie aufgehäuft hat.

Gesundheit

Die Jungfrau-Katze ist anfällig für Allergien und Hautreizungen. Sie leidet häufig unter Insektenbissen, die zu ernsthaften Reaktionen wie Atemnot, Schwellungen oder Augenreizungen führen können.

Intensiver als bei jeder anderen Katze sollten Sie die Jungfrau-Katze regelmäßig auf Flöhe, Milben und Parasiten untersuchen, vor allem, wenn sie viel Zeit im Freien verbringt.

Abgesehen von möglichen Allergien und Hautproblemen ist die Jungfrau-Katze gesund und verletzt sich nur selten, weil sie so vorsichtig und intelligent ist.

Menschliche Gefährten

Aufgrund ihres einzelgängerischen Wesens fühlt sich die Jungfrau-Katze bei einem Menschen am wohlsten, der wegen ihr kein großes Aufheben macht. Sie will nichts weiter, als dass Sie ihr ein ruhiges Heim mit festen Abläufen bieten.

Die Jungfrau-Katze eignet sich am besten für ein berufstätiges Paar ohne Kinder, aber ganz sicher nicht für jemanden, der sich nach mehr Zuneigung sehnt, als ihm die Jungfrau-Katze geben kann.

Zwei Pfoten nach oben

Bei Besitzern mit den Sternzeichen Stier, Krebs, Jungfrau oder Steinbock.

Stier: Sie sind verständnisvoll und bieten der Jungfrau-Katze ein bequemes Zuhause, gutes Fressen und eine ruhige, stille Atmosphäre. Sie gehen so fürsorglich und sensibel auf die Bedürfnisse der Jungfrau-Katze ein, dass Sie rasch ihren Respekt und ihre Bewunderung erlangen.

Krebs: Sie nehmen große Mühen auf sich, um der Jungfrau-Katze das Gefühl der Sicherheit zu vermitteln. Oberste Priorität hat für Sie jedoch, Ihre Katze gesund zu halten, indem Sie sie ausgewogen ernähren und ihr viel Bewegung verschaffen. Da Sie sich an feste Abläufe halten, wird die Jungfrau-Katze bei Ihnen glücklich sein.

Jungfrau: Sie sind überaus genau und fürsorglich und geben einen wunderbaren Besitzer für die Jungfrau-Katze ab. Sie kaufen jedes Katzenvideo, das jemals produziert wurde, und spielen sie alle Ihrer Katze immer und immer wieder vor. Als Gegenleistung verlangen Sie nichts weiter als die Befriedigung, eine glückliche Katze zu haben.

Steinbock: In dieser Beziehung brauchen Sie sich gegenseitig. Die Jungfrau-Katze verlässt sich darauf, dass Sie ihre Grundbedürfnisse befriedigen. Im Tausch dafür bekommen Sie die Zuneigung, die die Jungfrau-Katze Besitzern anderer Sternzeichen normalerweise nicht zukommen lässt.

Eine Pfote nach oben
Bei Besitzern mit den Sternzeichen Widder, Skorpion, Wassermann oder Fische.

Widder: Sie erfüllen zwar alle Grundbedürfnisse der Jungfrau-Katze, aber ihren Vorlieben und Abneigungen gegenüber sind Sie nicht sehr einfühlsam. Es könnten Probleme entstehen, weil Sie feste Abläufe hassen.

Skorpion: Diese Beziehung kann funktionieren, solange Sie sich der Jungfrau-Katze nicht aufdrängen. Sie neigen zu Ausbrüchen, und das schreckt diese Katze ab. Im Gegenzug könnte die Zurückhaltung der Jungfrau-Katze Sie furchtbar ärgern.

Wassermann: Sie neigen dazu, Fütterungszeiten nicht ganz so ernst zu nehmen, und Sie reinigen auch das Katzenklo nur nach Lust und Laune. Das verärgert die Jungfrau-Katze. Aber es wird Ihnen viel Freude bereiten, sie im Haus zu haben.

Fische: Da die Jungfrau-Katze nicht nachdrücklich auf ihre Rechte pocht, vergessen Sie manchmal, sie rechtzeitig zu füttern. Aber Sie haben ihr viel Liebe zu geben. Sie neigen dazu, jedes noch so kleine Versagen als Besitzer mit Leckereien und besonders viel Aufmerksamkeit wettzumachen.

Zwei Pfoten nach unten
Bei Besitzern mit den Sternzeichen Zwilling, Löwe, Waage oder Schütze.

Zwilling: Aufgrund Ihrer eher unbeständigen Lebensweise fühlt sich die Jungfrau-Katze mit Ihnen als Besitzer nicht wirklich wohl. Sie mögen Geselligkeiten und tun vieles spontan – genau das Gegenteil von dem, was der Jungfrau-Katze gefällt.

Löwe: Sie wünschen sich eine lebhafte Katze, wachsam und immer auf dem Sprung. Feste Abläufe, die die Jungfrau-Katze braucht, sind für Sie viel zu langweilig und einschränkend, und der Umstand, dass sie sehr wählerisch ist, vergrätzt Sie leicht.

Waage: Sie konzentrieren sich mehr auf Ihr eigenes Leben und sind höchstwahrscheinlich nicht in der Lage, die Bedürfnisse der Jungfrau-Katze zu verstehen und zu respektieren. Die Zurückhaltung dieser Katze ist für Sie ein Quell der Verärgerung.

Schütze: Sie sind ein Freigeist und lieben Aufregung und Abenteuer – Eigenschaften, die der Jungfrau-Katze widerstreben. Sie halten diese Katze für langweilig und betrachten sie als Einschlafmittel auf vier Pfoten.

Kinder

Die Jungfrau-Katze ist ein sehr sanftes Geschöpf und für Kleinkinder einfach nicht gemacht, auch wenn diese nicht laut oder allzu verspielt sind. Sobald ein Kind im Anmarsch ist, verschwindet die Jungfrau-Katze. Sollte sie jedoch einmal etwas zu fest gedrückt oder am Schwanz gezogen werden, wird sie nicht angreifen. Die

Jungfrau-Katze weiß instinktiv, dass das Kind ihr nicht wehtun wollte.

Genauer gesagt hat die Jungfrau-Katze ein fast unheimliches Gespür für die emotionalen Bedürfnisse von Kindern. Wenn ein Kleinkind im Bett liegt und eine Grippe auskuriert, rollt sich die Jungfrau-Katze zu seinen Füßen ein und tröstet es durch ihre stille Präsenz.

Freunde und Partner

Die Jungfrau-Katze ist von Natur aus eher unsicher, und ein neues Tier im Haus empfindet sie leicht als Bedrohung. Das trifft vor allem dann zu, wenn sie das allererste Haustier war.

Die schüchterne Jungfrau-Katze wird nicht um ihr Territorium kämpfen. Darum ist es wichtig, dass Ihr neues Haustier ein passendes Sternzeichen hat, also ebenfalls Jungfrau oder Krebs ist. Vermeiden Sie die lebhaften Zeichen Zwilling, Schütze oder Wassermann, denn sie machen die Jungfrau-Katze nervös und unglücklich.

Ebenso wie die Krebs-Katze ist die Jungfrau-Katze eine Florence Nightingale in Katzengestalt. Wenn ein anderes Haustier verletzt, krank oder schmutzig ist, leckt die Jungfrau-Katze seine Wunden, tröstet es oder macht es sauber.

Die Jungfrau-Katze liebt es, ...

...sich in Schachteln zusammenzurollen, die eigentlich zu klein für sie sind.

...mit den Puppen eines Kindes zu schmusen.

...dem Klang von Windspielen zu lauschen.

...gebuttertes Gemüse zu fressen.

Eine Katze im Weißen Haus

Socks, die Familienkatze des ehemaligen US-Präsidenten Bill Clinton, war eine Jungfrau-Katze.

Die oberste Katze des Landes war eine Kurzhaarkatze, deren schwarzweißes Fell es so aussehen ließ, als würde sie einen Smoking tragen. Als zwei Monate alte Streunerin wurde sie im November 1990 Clintons Tochter Chelsea geschenkt.

Chelsea, eine Fische-Frau, spielte mit Socks und versorgte sie, als ihr Vater noch Gouverneur von Arkansas war. Als die Familie im Januar 1993 ins Weiße Haus zog, durfte Socks dort frei herumstreifen. An Wintertagen sonnte sie sich gern auf den Fenstersimsen des Oval Office. Aber am meisten genoss es diese Katze, auf dem Rasen vor dem Weißen Haus Eichhörnchen zu jagen.

Obwohl Socks eine Einzelgängerin war, ließ sie sich

oft von Besuchern streicheln. Sie beehrte auch das jähr-
liche *Easter Egg Roll* des Weißen Hauses mit ihrem Erscheinen. Gelegentlich nahm First Lady Hillary Clinton
Socks mit ins Kinderkrankenhaus, wo sie die kleinen
Patienten durch ihre freundliche Art entzückte.

Die
Waage-Katze

24. September bis 23. Oktober

Glücklich
Geschwätzig
Gesellig
Unentschlossen
Wohlerzogen

Wenn es in Ihrem Haus viele aktive, glückliche Menschen gibt, dann passt die Waage-Katze haargenau dazu. Sie ist die geselligste aller Katzen – und am glücklichsten, wenn sie wie ein vollwertiges Mitglied der Familie behandelt wird. Die Waage-Katze mag es, wenn man mit ihr spricht, und sie antwortet mit Miauen und Schnurren in einer Sprache, die Sie, so verrückt es auch klingen mag, irgendwann verstehen werden. Eine Ihrer schwierigsten Aufgaben besteht darin, die Waage-Katze davon zu überzeugen, dass sie eine Katze ist und kein Mensch.

Die Waage-Katze erwartet, dass sie im selben Bett wie ein Familienmitglied schlafen darf, dass sie immer dann gebürstet wird, wenn auch Sie sich die Haare richten, und so nah am Esstisch fressen darf, wie es nur möglich ist. (Wenn es nach ihr ginge, würde sie *am* Esstisch fressen.)

Morgens setzt sie sich auf einen der Stühle an der Küchentheke und »plaudert«, als ob sie Ihnen von all den Dingen erzählen wollte, die in der Nacht passiert sind. Selbst nachdem Sie ihren Napf gefüllt haben, rührt die Waage-Katze ihn erst an, wenn auch Sie sich zum Essen hinsetzen.

Gehen Sie nicht davon aus, dass Sie die Morgenzeitung allein lesen dürfen. Die Waage-Katze springt auf Ihren Schoß und tut so, als ob sie ebenso die Schlagzeilen überflöge. Wenn Sie sich für den Gang zur Arbeit vorbereiten, schnurrt sie wie verrückt und bettelt Sie an, Ihren Rücken zu kraulen.

Die Waage-Katze ist in manchen Dingen recht unentschlossen. Sie geht vom einen zum anderen und kann sich nicht entscheiden, mit wem sie spielen will. Wahrscheinlich springt sie erst auf Ihren Schoß, und gleich darauf wechselt sie auf den Schoß Ihres Partners. Am Ende der ersten Woche in Ihrem Heim wird sie im Bett jedes einzelnen Familienmitglieds geschlafen haben.

Tagsüber hält sie nie zweimal am selben Ort ihr Nickerchen. Sie rollt sich auf der Ottomane im Wohnzimmer zusammen, auf einem Haufen Schmutzwäsche im Waschkeller und zu guter Letzt auf dem Stapel Rechnungen auf Ihrem Schreibtisch.

Die Waage-Katze schaut gern zu, wenn die Familienmahlzeiten gerichtet werden. Ob von der Küchentheke oder vom Kühlschrank oder von einem Vorratsregal, sie schnurrt zufrieden, während Sie kochen. Sie würde sich zu gern ein Stück von dem Hähnchen krallen, das Sie gerade zubereiten. Aber sie ist wohlerzogen genug, um nichts zu tun, was sie in ernsthafte Schwierigkeiten bringen könnte. Das Letzte, was sie will, ist eine Strafpredigt. Das hält sie jedoch nicht vom Betteln ab in der Hoffnung, dass Sie ihr hin und wieder einen kleinen Leckerbissen zuwerfen.

Wenn die Waage-Katze ins Freie darf, müssen Sie sich keine Sorgen um sie machen. Sie hält sich von Schwierigkeiten fern. Die Waage-Katze lässt sich nicht in Kämpfe verwickeln und kommt mit den meisten anderen Katzen zurecht. Ihre Nachbarn werden sie kennen, und sie kennt Ihre Nachbarn – besonders diejenigen, die sie dazu bringen kann, ihr Leckerbissen zuzustecken. Seien Sie versichert, dass sie jeden Tag ihre Runde dreht und dabei alle Häuser besucht, in denen Menschen mit einem »weichen Herzen« wohnen.

Sie vertraut den Menschen so sehr, dass sie sich von fast jedem in den Arm nehmen und halten lässt. Wenn jemand zögert, sie hochzunehmen, trifft sie die Entscheidung und springt einfach in seine Arme.

Die Waage-Katze sollte nicht allein gelassen werden, denn sie braucht ständig menschliche Gesellschaft. Natürlich verkraftet sie es, den ganzen Tag allein zu sein, aber sie wird mit der Zeit Anzeichen von Langeweile und Depressionen erkennen lassen. In diesem Fall sollten sie ihr eine zweite Katze zugesellen.

Kontaktfreudigkeit

Die Waage-Katze eignet sich perfekt für Besitzer, die gern Partys feiern oder Gäste zu sich einladen. Sie wird versuchen, alle kennen zu lernen, indem sie an ihren Beinen entlangstreicht oder spontan auf deren Schoß hüpft. Instinktiv meidet sie Menschen, die keine Katzen mögen. Außerdem hasst sie Zurückweisung.

Obwohl die Waage-Katze die Zuneigung anderer sehr zu schätzen weiß, wird sie nicht gern von Liebesbeweisen erdrückt. Wenn zu viele Menschen auf einmal sie streicheln wollen, macht sie sich davon.

Zeit zum Spielen

Die Waage-Katze liebt große Papiertüten mehr als alles andere. Sie taucht ohne zu zögern hinein. Während Sie die Lebensmittel einräumen, kann es durchaus passieren, dass Sie statt des Laib Brotes, den Sie aus der Tüte ziehen wollten, Ihre Katze erwischen.

Eine leere Papiertüte auf dem Boden ist für die Waage-Katze eine ideale Spielhütte. Sie wird hineinhuschen und dann darauf warten, dass Sie in die Tüte greifen, damit Sie mit Ihren Pfoten nach Ihnen ausschlagen kann. Am liebsten steckt sie die Schnauze aus der Tüte, stellt Blickkontakt zu Ihnen her und versteckt sich dann rasch wieder im Innern. Sie genießt es auch, aus der Tüte zu springen und schelmisch auf Ihre Knöchel zu schlagen, wenn Sie vorbeigehen.

(Lassen Sie weder die Waage-Katze noch ein anderes Haustier jemals mit einer Plastiktüte spielen. Das Tier könnte ersticken.)

Eigenarten

Die Waage-Katze gibt die ungewöhnlichsten Geräusche von sich. Sie kann sich mit einem unheimlichen Wimmern oder gellendem Heulen losreißen, das so klingt, als käme es direkt aus den Tiefen der Hölle. Die Waage-Katze kann auch derart eisig knurren, dass Ihnen das Blut in den Adern gefriert, oder so trommelfellzerfetzend jaulen, dass Sie schwören könnten, im Fernseher der Nachbarwohnung liefe *Der Exorzist*.

Gesundheit

Die Waage-Katze frisst gern zu viel. Das liegt zum Teil an ihrer unheimlichen Fähigkeit, Sie zu etwas zu bringen, von dem Sie geschworen haben, es niemals zu tun: Ihrer Katze kleine Happen vom Esstisch abzugeben. Versuchen Sie unbedingt, sich das wieder abzugewöhnen, denn es schadet ihr.

Die Waage-Katze neigt zu Nieren- und Blasenproblemen. Achten Sie auf Veränderungen beim Harnlassen, denn zu den häufigsten Krankheiten unter Katzen, insbesondere Waage-Katzen, gehören Blasenentzündungen. Die Entzündung der Blase kann zu einer Verstopfung des Harntrakts führen, was letztendlich in einer Harnvergiftung resultiert.

Menschliche Gefährten

Da die Waage-Katze ein sehr geselliges und freundliches Tier ist, braucht sie einen Besitzer, der ihr viel Aufmerksamkeit und Liebe schenkt. Besonders gut eignet sie sich für ältere und behinderte Menschen.

Zwei Pfoten nach oben

Bei Besitzern mit den Sternzeichen Stier, Krebs oder Waage.

Stier: Sie sind äußerst liebevoll, daher werden Sie Ihre Waage-Katze mit viel Zuneigung überschütten, ohne sie dabei zu erdrücken. Da Sie im Allgemeinen ein opti-mistischer, glücklicher Mensch sind, wird sich die Waa-ge-Katze in Ihrem Heim überaus wohl fühlen.

Krebs: Sie sind wahrscheinlich ein sanftmütiger, häus-lich veranlagter Mensch und werden der Waage-Katze all die körperliche und emotionale Unterstützung ge-ben, die sie braucht. Die Katze spürt, wenn Sie einmal niedergeschlagen sind, was bei Ihnen bisweilen vor-kommen kann, und wird versuchen, Sie aufzuheitern.

Waage: Sie und die Waage-Katze haben viele Bewunde-rer, weil Sie beide extrem gesellige Wesen sind. Sie kön-nen viel Spaß miteinander haben. Aber achten Sie da-rauf, Ihre Katze nicht mit zu vielen Leckerbissen zu füt-tern.

Eine Pfote nach oben
Bei Besitzern mit den Sternzeichen Widder, Löwe, Skor-pion, Steinbock, Wassermann oder Fische.

Widder: Manchmal steht Ihr Ego einer guten Beziehung zu Ihrer Katze im Weg. Obwohl Sie die Waage-Katze wirklich anbeten, geht Ihr Temperament hin und wieder mit Ihnen durch, was die Katze so lange unter das Bett treibt, bis Sie sich wieder abgekühlt haben.

Löwe: Ebenso wie beim Widder wird der Waage-Katze auch bei Ihnen bisweilen vor Angst jedes einzelne Fellhaar zu Berge stehen. Wenn Sie nicht allzu dominant sind, ist die Waage-Katze eine wunderbare Freundin für Sie. Doch sie könnte etwas mehr Zärtlichkeit von Ihnen vertragen.

Skorpion: Sie können einfach nicht anders als unter dem geballten Charme der Waage-Katze dahinzuschmelzen. Wenn Sie nicht vorsichtig sind, könnten Sie sie allzu sehr verwöhnen. Lassen Sie sich von ihrer Unentschlossenheit nicht ärgern. Sie ist einfach nur eine typische Waage in Katzengestalt.

Steinbock: Obwohl Sie andere gern kontrollieren, sollten Sie versuchen, sich gegenüber der Waage-Katze nicht allzu dominant zu geben. Lassen Sie ihr den Freiraum, den sie braucht, und erlauben Sie ihr, die fröhliche Katze zu sein, als die sie geboren wurde.

Wassermann: Diese Beziehung kann funktionieren, wenn die Waage-Katze es will. Sie brauchen Ihre Freiheit und wollen sich nicht schuldig fühlen müssen, wenn Sie nicht pünktlich nach Hause kommen. Wenn die Waage-Katze bereit ist, Ihre Launen und Ihren aktiven Lebensstil zu akzeptieren, werden Sie beide sehr glücklich sein.

Fische: Sie überschütten die Waage-Katze mit Ihrer Liebe. Das Problem ist nur, dass Sie nicht wissen, wann Sie aufhören müssen. Lassen Sie ihr Raum zum Atmen, sonst wird sie noch neurotisch. Immerhin kann sie bei Ihnen sicher sein, alles zu bekommen, was sie will – und noch mehr.

Zwei Pfoten nach unten
Bei Besitzern mit den Sternzeichen Zwilling, Jungfrau oder Schütze.

Zwilling: Ihre duale Persönlichkeit – heute heiß, morgen kalt – kann diese wohlerzogene, ausgeglichene Katze verwirren, die schon genug Probleme damit hat, eigene Entscheidungen zu fällen. Völlig unabsichtlich könnten Sie sie zu einer neurotischen Katze machen.

Jungfrau: Sie werden der Waage-Katze bei allem und jedem zeigen wollen, wie man es richtig macht. Ihr Bedürfnis nach festen Abläufen könnte sich für diese ansonsten glückliche Katze als etwas zu restriktiv erweisen.

Schütze: Sie wünschen sich weitaus mehr Spontaneität, als die Waage-Katze jemals aufbringen kann. Die Katze wiederum findet einige Ihrer Verrücktheiten ein wenig zu furchteinflößend. Sie tragen das Herz am rechten Fleck, aber das weiß die Waage-Katze nicht.

Kinder

Kinder lieben Waage-Katzen – und umgekehrt. Die Waage-Katze hat das verspielte Herz eines Kindes, und es macht ihr Spaß, mit Kleinkindern herumzutollen, während diese verzückt aufkreischen.

Sie genießt es, von Kindern umarmt und geküsst zu werden, und lässt sich den ganzen Tag streicheln und kraulen, bis die Kleinen müde werden.

Waage-Katzen sind dafür bekannt, wild zu spielen und sich dann urplötzlich hinzulegen und einzuschlafen. Infolgedessen wird eine Waage-Katze nur unwirsch, wenn sie müde ist, die Kinder sie jedoch nicht in

Ruhe lassen. Ansonsten ist es die reine Freude, sie mit Kindern zu erleben.

Freunde und Partner

Die Waage-Katze ist offen und freundlich und freut sich über fast jedes neue Haustier. Möglicherweise ist sie anfangs etwas misstrauisch und will von Ihnen spürbar die Zusicherung erfahren, dass sie trotz Neuzugang noch jede Menge Liebe abbekommt.

Die Katzen, die am besten zu ihr passen, sind Fische, Krebs oder Stier – allesamt häusliche, sensible Katzen. Auch eine weitere Waage-Katze wäre eine gute Wahl.

Die Waage-Katze liebt es, ...

...mit baumelnden Ohrringen zu spielen.

...die Menschen zum Lachen zu bringen.

... neue Schlafplätze aufzuspüren.

...noch warme Plätzchen zu fressen.

Churchills Kumpel

Nelson, die Katze des ehemaligen britischen Premierministers Winston Churchill, wurde nach dem berühmten britischen Admiral Horatio Nelson benannt.

Das freundliche, rötlich braune Tier saß bei Kabinettssitzungen oft an der Seite seines Besitzers und wurde von ihm höchstpersönlich in den Schutzkeller getragen, als London im Zweiten Weltkrieg unter Bombenangriffen zu leiden hatte.

Einmal suchte ein Regierungsangestellter den Premierminister, der sich von einer Grippe erholte, an dessen Krankenlager auf. Nelson hatte sich am Fußende des Bettes zusammengerollt. Nachdem sich dieser Regierungsbeamte lang und breit über die begrenzten Ressourcen des Landes ausgelassen hatte, schnäuzte sich Churchill die Nase, zeigte auf Nelson und donnerte: »Dieser Kater leistet mehr für die Kriegshilfe als Sie! Er fungiert als Wärmflasche und spart uns Brennstoff und Energie!«

Die
Skorpion-Katze

24. Oktober bis 22. November

Kraftvoll
Fordernd
Revierschützend
Eigenwillig
Leidenschaftlich

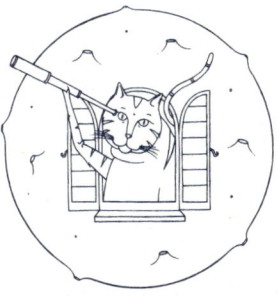

Wenn Sie einer Skorpion-Katze in die Augen sehen, starrt sie mit einer Intensität zurück, die keine andere Katze an den Tag legt. Diese Augen scheinen direkt in Ihre Seele zu dringen. Und jede ihrer Handlungen strotzt nur so vor Kraft.

Fast alles, was die Skorpion-Katze tut, passiert auf ihren Willen hin. Sie frisst, wann es ihr passt, spielt, wann es ihr passt, und liebt nur, wen sie will.

Wenn Sie morgens aufwachen, ist die Skorpion-Katze höchstwahrscheinlich nicht da, um Sie zu begrüßen. Das liegt daran, dass sie ihre eigene Zeiteinteilung hat. Wenn sie ins Freie darf, ist sie womöglich von ihrem nächtlichen Streifzug noch gar nicht zurückgekehrt oder absolviert bereits wieder ihre Morgenpatrouille. Als Wohnungskatze befindet sie sich in irgendeinem anderen Teil des Hauses und tut dort, was immer ihr gefällt – spielen oder schlafen.

Hat die Skorpion-Katze Hunger, teilt sie Ihnen das eindeutig mit. Sie kommt in die Küche und fordert lauthals, dass Sie sie füttern – jetzt sofort. Sie wird so lange miauen, zwischen Ihren Beinen hin und her laufen und

Sie bedrängen, bis Sie ihren Napf füllen. Tun Sie das nicht, weil Sie zum Beispiel noch schlafen, so ist diese Katze klug genug, sich ihr Futter selbst zu beschaffen. Sie wird die Tür zur Speisekammer oder zum Vorratsschrank öffnen, auf das Regal springen, die Schachtel mit dem Katzenfutter umstoßen und sie mit ihren Krallen aufreißen.

Während Sie sich auf den Gang zur Arbeit vorbereiten, nimmt sie gern eine sphinxähnliche Haltung auf dem Badezimmerregal oder der Schlafzimmerkommode ein und starrt Sie ohne zu blinzeln an. Sie gehört zu den wenigen Katzen, bei denen Sie sich oft die Frage stellen: »Was denkt sie gerade?«

Erwarten Sie nicht, dass die Skorpion-Katze Ihnen durch das Haus nachläuft. Das liegt nicht in ihrer Natur. Sie entscheidet, wohin sie geht – und wann.

Die Skorpion-Katze zeigt ein starkes Territorialverhalten und liebt die freie Natur. Sie hat das Gefühl, die Beschützerin ihres Heimes und der Umgebung zu sein. Sie können sicher sein, dass sich niemand ohne die Zustimmung der Skorpion-Katze auf Ihr Grundstück wagen darf.

Die Skorpion-Katze fürchtet sich nicht vor anderen Katzen oder vor Hunden. Wenn sie den Eindringling nicht schon mit Blicken das Fürchten lehren kann, wird ihr wildes Zischen oder Jaulen ihm einen gehörigen Schreck einjagen – es sei denn, es ist eine andere Skorpion-Katze. Dann kann es zu einem beachtlichen Katzenkampf kommen.

Aber die Skorpion-Katze hat es nicht auf Kämpfe abgesehen. Sie ist klug genug, um zu wissen, dass es in ihrem Interesse liegt, den Eindringling lieber durch einen Bluff zu verjagen. Handelt es sich bei dem Störenfried allerdings um einen Dobermann, holt die Skorpion-Katze ein paarmal mit ausgefahrenen Krallen aus und springt dann auf den nächstbesten Baum, bis die Luft wieder rein ist.

Wenn die Skorpion-Katze ins Freie darf, wird sie mit Begeisterung Käfer, Eidechsen und Mäuse jagen. Sie liebt es, ihren Opfern aufzulauern und sie zu verfolgen. Und ja, sie tötet gern – aber erst spielt sie eine Weile mit ihrer Beute.

Zu Hause genießt die Skorpion-Katze eine Entspannungspause auf dem höchsten Platz im jeweiligen Raum: dem Kaminsims, dem Kühlschrank, dem Kleiderschrank. Auf diese Weise kann sie ihre Menschenfamilie am besten beobachten – oder sollte es überwachen heißen?

Manchmal kann die Skorpion-Katze richtig lästig sein, insbesondere beim Essen. Sie wird bei Tisch betteln, indem sie Sie entweder anstarrt oder so ein Theater veranstaltet, dass Sie ihr einen Fleischklops abgeben, nur damit endlich Ruhe herrscht.

Ihre prägende Zeit als Kätzchen bestimmt, ob sie als Haustier zum Segen oder zum Fluch wird. Wenn sie schon früh herausfindet, dass Sie sich vor ihr fürchten, wird sie Ihre Beziehung völlig kontrollieren. Wenn Sie sich dagegen behaupten und Ihre Disziplinarmaßnahmen mit viel Liebe mildern, werden Sie mit der unerschütterlichen Loyalität und dem Respekt der Skorpion-Katze belohnt.

Kontaktfreudigkeit

Die Skorpion-Katze macht, was sie will. Das prägt auch ihr Sozialverhalten. Wenn es an der Tür klingelt, baut sie sich am Eingang auf, um herauszufinden, ob die Person, die das Haus betritt, eine Bedrohung darstellt. Dann wird sie höchstwahrscheinlich verschwinden.

Sie hasst Menschenansammlungen und Partys. Das liegt nicht daran, dass sie sich vor Menschen fürchtet, sie vertraut ihnen nur nicht.

Doch gelegentlich überkommt es sie, und dann lässt

sie sich dazu herab, mit einem Familienmitglied oder einem Katzen liebenden Gast während eines Besuchs zu spielen.

Zeit zum Spielen

Die Skorpion-Katze braucht nicht viele Spielsachen, aber zu ihren Favoriten gehört alles, was wie ein Tier aussieht und Quietschgeräusche von sich gibt. Wenn es nach ihr ginge, würde sie natürlich am liebsten mit echten Mäusen, Eidechsen und Käfern spielen – so lange, bis sie sie tötet.

Wenn die Skorpion-Katze mit ihren Spielsachen zugange ist, wirft sie sie meist hemmungslos wild herum, fängt sie wieder auf und bearbeitet sie leidenschaftlich mit ihren Krallen. Man könnte meinen, sie sei wütend auf ihre Spielsachen, aber das ist sie nicht. Es ist einfach ihre Art. Selbst beim Spielen geht sie kraftvoll vor.

Häufig lässt sie ein Spielzeug vor Ihre Füße fallen. Das ist eine große Ehre für Sie und zeigt, dass Sie eingeladen sind, mit ihr zu spielen. Nützen Sie diese Gelegenheit, denn sie ist keine Katze, die sich stundenlang zu Ihnen auf die Couch kuschelt.

Sie liebt es, Verstecken und vor allem Fangen zu spielen. Man kann mit einer Skorpion-Katze gar nicht wild

genug herumtoben. Sie würde lieber mit einem Schä-
ferhund ringen, der einen Maulkorb trägt, als in Opas
Schoß zu sitzen und fernzusehen.

Eigenarten

Keine andere Katze ist rachsüchtiger als die Skorpion-
Katze. Wenn sie glaubt, eine Ungerechtigkeit erlitten zu
haben, wird sie keine Mühe scheuen, um sich zu rächen. Ihr Zorn ist kühl und kalkulierend. Wenn Sie sie
zu lange nicht füttern, wird sie Ihre Gardinen zerreißen, jede Vase im Haus umkippen und Ihre Stehlam-
pen zu Fall bringen. Hoffentlich haben Sie Ihre Lektion
gelernt, denn das nächste Mal hält sie sich vielleicht
nicht mehr so zurück.

Gesundheit

Die meisten Skorpion-Katzen haben einen kräftigen
Körperbau und gehören zu den Stärksten ihrer jeweiligen Rasse.

Die Skorpion-Katze wird nur selten krank, aber wenn
dieser Fall einmal eintritt, ist es für gewöhnlich sehr
ernst. Allerdings hat die Skorpion-Katze einen starken
Willen und selbst wenn bei einer eigentlich tödlichen
Krankheit nur wenig für ihr Überleben spricht, kann sie

den Tierarzt überraschen, indem sie einfach wieder gesund wird.

Die Skorpion-Katze neigt dazu, giftige Substanzen aufzunehmen. Sie streicht an frischer Farbe oder an Gartenchemikalien entlang und putzt sich anschließend das Fell. Oder sie leckt Gifte auf, die gut riechen beziehungsweise schmecken, wie Frostschutzmittel oder Möbelpolitur. Sie ist bei dem, was sie frisst, nicht wählerisch, und verspeist auch schon mal schädliche Pflanzen. Sie lässt sich darüber hinaus leicht von anderen giftigen Dingen anlocken, wie Mottenkugeln, Aspirin oder Schlaftabletten, die unverpackt liegen gelassen wurden.

Menschliche Gefährten
Wenn Sie eine unabhängige, selbstgenügsame, freiheitsliebende Katze suchen, die nicht viel Pflege benötigt, dann ist die Skorpion-Katze genau richtig für Sie. Zwängen Sie ihr keine festen Abläufe auf: Solange ihre Grundbedürfnisse erfüllt werden und man ihr genügend Freiraum gewährt, ist sie glücklich.

Zwei Pfoten nach oben
Bei Besitzern mit den Sternzeichen Krebs, Jungfrau, Steinbock oder Wassermann.

Krebs: Sie sind ein verständnisvoller Mensch und werden die starke Persönlichkeit, die Loyalität und den Stolz der Skorpion-Katze zu schätzen wissen. Sie machen sich auch Sorgen um sie, aber Sie wissen, dass Ihre Katze auf sich selbst achten kann und Sie ohnehin nicht viel an der Situation ändern können.

Jungfrau: Sie akzeptieren die Distanziertheit der Skorpion-Katze und ihr Bedürfnis nach Freiheit, auch wenn Sie nie ganz verstehen, warum sie tut, was sie tut. Trotzdem lieben Sie sie bedingungslos.

Steinbock: Da Sie mit ziemlicher Sicherheit ein Workaholic sind, eignet sich die Skorpion-Katze, die wenig Arbeit macht, am besten für Sie. Sie erwarten nicht allzu viel Zuneigung von ihr, doch wenn sie Ihnen einmal ihre Aufmerksamkeit schenkt, neigen Sie dazu, sie zu verwöhnen.

Wassermann: Sie lieben Ihre Freiheit ebenso sehr, wie die Skorpion-Katze ihre Freiheit liebt, darum geben Sie beide ein gutes Paar ab. Sie respektieren einander und zeigen gerade genug Zuneigung, damit Sie beide zufrieden sind.

Eine Pfote nach oben

Bei Besitzern mit den Sternzeichen Zwilling, Waage, Skorpion oder Schütze.

Zwilling: Mit Ihnen als Besitzer kennt die Skorpion-Katze keine Langeweile. Sie beide werden im einen Augenblick streiten und im nächsten miteinander spielen. Womöglich stehen Sie einander niemals wirklich nahe, aber Sie teilen jede Menge denkwürdiger Erlebnisse.

Waage: Sie geben sich große Mühe, der Skorpion-Katze zu einem angenehmen Leben zu verhelfen – anfangs. Doch das fordernde, willensstarke Naturell Ihrer Katze sagt Ihnen nicht zu. Trotzdem lieben Sie sie.

Skorpion: Da sowohl Sie als auch Ihre Katze stark und dickköpfig sind und ein enormes Ego besitzen, geraten Sie oft aneinander. Überraschenderweise verstehen Sie sich beide trotzdem so gut, dass Sie eigentlich zu einer guten Beziehung fähig sein sollten.

Schütze: Sie sind ein Freigeist und haben kein Problem damit, der Skorpion-Katze genügend Freiraum zu gewähren. Aber nehmen Sie sie nicht als etwas Selbstver-

ständliches hin. Sie braucht trotz allem Zuwendung –
und etwas von Ihrer Verspieltheit würde ihr gut tun, um
lockerer zu werden.

Zwei Pfoten nach unten

Bei Besitzern mit den Sternzeichen Widder, Stier, Löwe
oder Fische.

Widder: Diese Beziehung wird wahrscheinlich nicht
sehr gut funktionieren. Sie neigen zur Herrschsucht,
und die Skorpion-Katze tendiert zu Anspruchsdenken.
Höchstwahrscheinlich werden Sie sich im Umgang mit
ihr heiser schreien.

Stier: Sie haben die perfekte Persönlichkeit für eine liebevolle, routineliebende, häusliche Katze. Mit anderen
Worten, nicht für die Skorpion-Katze. Sie passt einfach
nicht zu Ihrer Lebensweise.

Löwe: Die Skorpion-Katze wird versuchen, Sie in allem
zu kontrollieren, was ihre Fütterung und Pflege angeht.
Auch wann Sie ihr Zuneigung schenken dürfen, will sie
allein bestimmen. Das passt Ihnen nicht, und Sie werden es nicht allzu lange tolerieren.

Fische: Da die Skorpion-Katze überaus anspruchsvoll ist, können Sie von ihr allzu leicht manipuliert werden, wenn Sie nicht aufpassen. Ihr Wunsch, der Katze etwas Gutes zu tun, könnte sich zu einer Vollzeitbeschäftigung ausweiten.

Kinder

Die Skorpion-Katze wird als kleines Kätzchen Kinder noch am meisten mögen. Je älter sie wird, desto weniger toleriert sie deren Albernheiten. Wenn die Kinder sie jedoch jagen oder selbst gejagt werden wollen, kommt ihnen die Skorpion-Katze nur zu gern entgegen. Sie liebt es, wenn es rau zugeht. Allerdings sollten schon Kleinkinder wissen, dass die Skorpion-Katze alles, was sie einsteckt, doppelt zurückgibt.

Die Skorpion-Katze duldet es nicht, grausam behandelt zu werden. Vielleicht vergibt sie irgendwann, aber sie vergisst niemals, dass sie jemand am Schwanz gezogen oder ihr die Spielsachen gestohlen hat. Sie wird sich auf jeden Fall rächen – und beispielsweise einen Haarballen auf dem Kopfkissen des Kindes ausspucken.

Freunde und Partner

Die Skorpion-Katze traut anderen Haustieren nicht und ist als Einzelkatze am glücklichsten. Sie braucht auch lange, bis sie Menschen vertraut – und noch länger kann es dauern, bis sie einen Neuankömmling im Haus akzeptiert.

Sie können nur hoffen, dass die Skorpion-Katze das neue Haustier irgendwann toleriert. Das wird unter Umständen erst dann der Fall sein, wenn die Skorpion-Katze dem Neuankömmling klar gemacht hat, dass dies ihr Reich ist und der Neue nur deshalb geduldet wird, weil die Skorpion-Katze keine andere Wahl hatte.

Wenn Sie Frieden wollen, sollten Sie die Fressnäpfe weit auseinander stellen. Und seien Sie nicht überrascht, wenn die Skorpion-Katze sich für ein paar Tage verzieht – sie will nur, dass Sie sich Sorgen machen.

Wenn Sie dennoch fest entschlossen sind, sich ein zweites Haustier anzuschaffen, dann achten Sie wenigstens darauf, dass es ein Tier ist, das sich gegen die Skorpion-Katze behaupten kann – vorzugsweise ein anderer Skorpion oder ein Widder.

Die Skorpion-Katze liebt es, ...

...Grashüpfer zu jagen.

...mit der Katze der Nachbarn zu raufen.

...auf dem Dach zu entspannen.

...die Knöchel des Postboten zu attackieren.

Hodge, der Skorpion

Es kann kaum einen Zweifel daran geben, dass die Katze von Samuel Johnson, einem englischen Dichter und Essayisten aus dem 18. Jahrhundert, ein Skorpion war.

Johnson, ein Jungfrau-Geborener, überschüttete seine Katze Hodge mit Zuneigung, Aufmerksamkeit und Leckereien, sehr zum Missfallen seiner Diener, die der Ansicht waren, die Katze sei schlichtweg zu verwöhnt und anspruchsvoll.

Hodge liebte Austern und pflegte laut miauend zu protestieren, wenn er bei seiner täglichen Fütterung keine bekam.

Johnson wollte seiner krakeelenden Katze gern den Gefallen tun, aber er scheute sich, seine Diener zum Kauf der Austern für Hodge loszuschicken, denn er befürchtete, dass sie seine geliebte Katze dann noch weniger ausstehen könnten.

Also ging Johnson, den seine Zeitgenossen für den führenden Gelehrten ihrer Epoche hielten, jeden Tag selbst los und kaufte Austern für seine anspruchsvolle Schoßkatze.

Die
Schütze-Katze

23. November bis 21. Dezember

Verspielt

Tollkühn

Neugierig

Schlampig

Gesellig

Die Schütze-Katze wird niemals erwachsen. Gleichgültig, wie alt sie ist, sie verhält sich immer so, als sei sie ein kleines Kätzchen – verspielt, albern, neugierig und freundlich.

Am frühen Morgen, wenn Sie noch tief schlafen, hüpft sie auf Ihr Bett und kitzelt Sie mit ihren Schnurrhaaren im Gesicht. Und wenn Sie das nicht aufweckt, legt sie sich auf Ihr Kissen und schnurrt laut. Sollte auch das noch nicht helfen, nimmt sie eine Haarsträhne von Ihnen zwischen ihre rasiermesserscharfen Zähne und zieht daran. Bei jeder anderen Katze wären Sie noch vor Ihrer ersten Tasse Kaffee am Morgen stocksauer, aber bei der Schütze-Katze ist alles irgendwie süß.

Die Schütze-Katze hat nur selten Stimmungsschwankungen. Sie ist einfach von Natur aus eine glückliche Katze. Man fühlt sich sofort besser, wenn man sie schnurren hört. Ihr Frühstück schlingt sie stets herunter – nicht, weil sie so hungrig wäre, sondern weil sie dadurch mehr Zeit für ihr Vergnügen hat. Die Schütze-Katze wird mit Ihnen spielen wollen, noch bevor Sie Ihre zweite Tasse Kaffee hatten. Sie müssen einfach nachgeben und sich ein wenig mit ihr amüsieren.

Wenn möglich, sollte die Schütze-Katze auch etwas Zeit im Freien verbringen dürfen, denn sie liebt weite, offene Räume. Sie will alles erforschen: vom Nachbargarten bis zu den Mülltonnen auf der anderen Straßenseite. Es gibt nichts Schöneres für sie, als im Gras zu rollen und auf Bäume zu klettern (und ja, sie kommt von allein wieder herunter). Die Schütze-Katze genießt Begegnungen mit anderen Tieren, von Eichhörnchen bis hin zu Hunden. Natürlich bringt sie das gelegentlich in Schwierigkeiten, besonders, wenn das andere Tier sie nicht mag.

Ist sie eine Wohnungskatze, sollten Sie ihr beibringen, an der Leine zu gehen, und sie dann mit auf Spaziergänge in den Park nehmen oder sie auf dem Balkon Ihrer Wohnung frische Luft schnappen lassen.

Doch zumindest sollte die Schütze-Katze einen großen Kratzbaum oder eine Plastiktopfpflanze zum Klettern zur Verfügung haben. Sie liebt die Herausforderung und alles, was weit oben liegt. Es mag Momente geben, in denen Ihr Herz einen Schlag aussetzt, weil Ihre Schütze-Katze über den Dachfirst spaziert oder einen scheinbar unmöglichen Sprung vom obersten Buchregal zum Fensterbrett wagt. Seien Sie nicht überrascht, wenn Sie sie eines Tages mitten in Ihren Hängepflanzen baumelnd wiederfinden.

Die Schütze-Katze ist die Neugier in Person. Sie werden sie an den unwahrscheinlichsten Orten entdecken: hinter dem Heizkessel im Keller, in einer offenen Schublade Ihres Schreibtisches oder mitten zwischen den Reinigungsmitteln unter dem Waschbecken im Badezimmer. (Überprüfen Sie stets Kühlschrank und Trockner, bevor Sie sie schließen. Es sieht der Schütze-Katze ähnlich hineinzuspringen, sobald sie deren Türen einmal offen vorfindet.)

Die Schütze-Katze ist bisweilen etwas tollpatschig und stößt oft unabsichtlich eine Blumenvase auf dem Couchtisch um oder bringt die Seiten des wichtigen Berichts durcheinander, den Sie auf dem Schreibtisch liegen gelassen haben.

Von allen Katzen ist sie die unordentlichste. Bei ihr scheint immer mehr Futter und mehr Wasser neben den Näpfen zu sein als darin. Und wenn Sie ihr Katzenklo nicht täglich säubern, werden Sie am Abend kaum mehr in der Lage sein, den Fußboden darunter zu erkennen.

Kontaktfreudigkeit

Die Schütze-Katze liebt Menschen. Ein freundliches Wort, ein sanfter Klaps auf den Kopf – und schon ist Ihr Gast der beste Freund Ihrer Katze. Sie sehnt sich weniger nach Zuneigung, es ist eher so, dass ihr die Aufmerksamkeit gefällt. Es tut ihr gut, wenn die Menschen sie verhätscheln, darum wird sie von einem Gast zum anderen spazieren und jeden Schoß ausprobieren.

Die Schütze-Katze legt bisweilen theatralische Auftritte hin, um beachtet zu werden. Sobald mehrere Menschen in einem Raum sind, schlendert sie wahrscheinlich mit einer lebenden Schlange im Maul herein, um ihr Können als Jägerin unter Beweis zu stellen. Es erübrigt sich zu sagen, dass sie damit ausreichend Aufmerksamkeit wecken wird.

Zeit zum Spielen

Zu ihren Lieblingsspielsachen gehört alles, was ein Fell hat – beispielsweise ein nachgemachter Ochsenschwanz, den sie auf dem Rücken liegend zwischen den Pfoten halten und wie wild mit ihren Hinterbeinen attackieren kann. Sie mag auch weiche, ausgestopfte Spielsachen in Tiergestalt, und bei Spielzeugvögeln, die an einer Schnur baumeln, sodass sie mit ihren Pfoten dagegen schlagen kann, flippt sie vor Begeisterung fast aus.

Achten Sie darauf, dass sie genügend Spielsachen hat. Die Schütze-Katze kann einfach nicht den ganzen Tag auf dem Fensterbrett liegen und schlafen, bis Sie abends nach Hause kommen. Sie langweilt sich leicht und wird sich ihre eigenen Spielsachen suchen. Wenn Sie nichts Besseres findet, zieht sie an der Vorhangschnur, an den Kabeln Ihrer Stereoanlage oder an den Troddeln Ihrer Häkelkissen.

Sie spielt auch gern noch vor der Morgendämmerung mit ihren Spielsachen. Wenn Sie nachts um drei etwas zu Boden plumpsen hören, ist das kein Einbrecher – es ist nur Ihre Schütze-Katze, die ihr Lieblingsspielzeug malträtiert.

Eigenarten

Ob Sie in einem großen Haus oder in einer winzigen Wohnung leben, manchmal scheint die Schütze-Katze spurlos zu verschwinden. Sie suchen überall nach ihr, rufen ihren Namen, locken Sie mit Leckerbissen – und können sie doch nicht finden. Sie hat sich das allerbeste Versteck ausgesucht: eingerollt in einer Sprudelkiste auf der Veranda oder in einem alten Reifen in der Gara-

ge oder im Küchenschrank. Auf diese Weise zwingt sie
Sie zu einem Versteckspiel.

Gesundheit

Die Schütze-Katze ist meistens gesund und steckt so
voll Energie, dass sie sich selbst fast bis zur Erschöp-
fung bewegt.

Sie neigt jedoch zu Unfällen, bei denen sie beispielsweise von einem Auto überfahren wird oder durch einen gemeinen Hund oder eine noch härtere Katze zu
Tode kommt. Es geschieht gar nicht so selten, dass die
Schütze-Katze nach einem abstrusen Zwischenfall beim
Tierarzt landet: Sie hüpft in einen offenen Angelkasten
und steckt plötzlich voller Angelhaken. Oder ihr fällt ein
Toaster auf den Kopf, nachdem sie schwungvoll an dessen Kabel gezogen hat.

Menschliche Gefährten

Die Schütze-Katze ist eine wunderbare Gefährtin für alle aktiven Besitzer und Familien. Sie blüht in einem
Heim, in dem es lebendig zugeht und viel gelacht wird,
förmlich auf. Am besten passt sie zu einem Besitzer, der
lässig, unkompliziert und nicht besonders ordentlich
ist.

Zwei Pfoten nach oben

Bei Besitzern mit den Sternzeichen Zwilling, Waage, Schütze oder Wassermann.

Zwilling: Wenn Sie mit einer Schütze-Katze zusammenleben, wird Ihr Heim zu einem riesigen Zirkus. Sie lieben beide Ihren Spaß und verbringen viele Stunden damit, Unfug zu treiben.

Waage: Die Schütze-Katze hilft Ihnen, jung zu bleiben, und bringt etwas Spontaneität in Ihr Leben. Sie genießen viele herrliche Tage und Nächte miteinander. Mehr als allen anderen Menschen bringt die Schütze-Katze gerade Ihnen die Zuneigung entgegen, die Sie brauchen.

Schütze: Sie halten die Schütze-Katze für einen echten Glücksfall, und es ist Ihnen schnurzegal, dass sie nicht ganz so ordentlich ist. (Schließlich sind Sie selbst auch kein Sauberkeitsfanatiker.) Das Leben will genossen werden, und die Begeisterung Ihrer Katze für alles Fröhliche bereitet Ihnen viel Freude.

Wassermann: Die Eskapaden der Schütze-Katze verblüffen Sie immer wieder aufs Neue. Sie versuchen vielleicht, sie zu übertreffen, aber das wird Ihnen nicht gelingen. Niemals würden Sie Ihre Katze von dem abhalten wollen, was sie begehrt, denn Sie können sie nur zu gut verstehen.

Eine Pfote nach oben
Bei Besitzern mit den Sternzeichen Widder, Stier, Löwe oder Skorpion.

Widder: Sie und die Schütze-Katze strotzen nur so vor Energie, aber manchmal sind Sie ihr gegenüber auch ein wenig herrschsüchtig. Bleiben Sie locker, und lassen Sie sich von der Verspieltheit Ihrer Katze anstecken.

Stier: Sie können eine gute Beziehung zur Schütze-Katze haben, so lange Sie sich klar machen, dass sie sich niemals ändern wird. Wenn Sie ihr zugestehen, eine Katze zu sein, die das kleine Kätzchen in sich lebendig hält, passen Sie beide gut zueinander.

Löwe: Manchmal sind Ihnen die Albernheiten der Schütze-Katze fast zu viel, und Sie mögen es gar nicht, wenn Ihre Katze Sie vor anderen aussticht. Aber alles in allem sollten Sie sich nach einigen beiderseitigen Anpassungen eigentlich gut verstehen.

Skorpion: Anfangs finden Sie die Aktionen der Schütze-Katze wahrscheinlich nicht sehr amüsant. Aber Sie wird Ihr Herz wärmen, und über kurz oder lang wird Ihnen klar, um wie viel schöner Ihr Leben durch diese Katze ist.

Zwei Pfoten nach unten

Bei Besitzern mit den Sternzeichen Krebs, Jungfrau, Steinbock oder Fische.

Krebs: Diese Beziehung wurde eindeutig nicht im Katzenhimmel geschlossen. Sie erdrücken die Schütze-Katze mit Ihrer Liebe und machen sich ständig Sorgen um sie. Ihre Absichten mögen ehrlich sein, aber die Schütze-Katze fühlt sich dennoch abgestoßen.

Jungfrau: Sie sind peinlich genau und ordnungsliebend, deshalb ist die Schütze-Katze nichts für Sie. Sie räumen ständig hinter ihr auf oder versuchen, Ihre Katze von Schwierigkeiten fern zu halten.

Steinbock: Wahrscheinlich sagt Ihnen die übertriebene Fröhlichkeit der Schütze-Katze nicht zu. Sie verbringen zu viel Zeit mit dem Versuch, sie zu disziplinieren oder ihr beizubringen, sich gegen ihre Natur zu verhalten.

Fische: Anfangs finden Sie die Schütze-Katze charmant und ihr Verhalten süß, aber Sie bringen nur wenig Verständnis für sie auf. Sie wollen sie mit Leckerbissen und Liebe verwöhnen, dabei wünscht sich ihre Katze nichts weiter, als mit Ihnen zu spielen und frei herumtoben zu dürfen.

Kinder

Wenn Sie Kinder haben, ist die Schütze-Katze einfach ein weiterer Sprössling. Die Kinder halten sie für eine von ihnen – und sie denkt das auch. Die Schütze-Katze und Ihre Kinder kommen großartig miteinander aus, denn beide haben grenzenlose Energie und kurze Aufmerksamkeitsspannen.

Die Schütze-Katze schwebt im siebten Himmel, solange die Kinder mit ihr Fangen oder Verstecken spielen.

Freunde und Partner

Die Schütze-Katze liebt andere Tiere und spielt praktisch mit jedem Haustier, das seinerseits mit ihr spielen will. Es ist ihr egal, ob es sich bei dem Neuankömmling um einen Welpen oder um ein Kätzchen handelt. Die Schütze-Katze ist bereit, fast alles mit ihrem neuen Freund zu teilen. Sie ist nicht besitzergreifend, weder in Bezug auf ihr Fressen noch auf ihr Katzenklo.

Aber Vorsicht: wenn Sie eine zweite Schütze-Katze ins Haus holen, sollten Sie sich wappnen! Diese beiden werden den ganzen Tag und die ganze Nacht herumtollen, auf und ab hüpfen und miteinander raufen (aus Spaß). Achten Sie darauf, alles Zerbrechliche in Sicherheit zu bringen. (Am besten verstecken Sie die wertvollen Erbstücke.)

Sie sind besser beraten, Ihrer Schütze-Katze eine etwas ruhigere Katze zuzugesellen.

Die Schütze-Katze liebt es, …

… auf Zäune zu klettern.

… im Sandkasten zu spielen.

… Schlangen aufzulauern.

… während des Sommers im Schatten eines Baumes zu schlafen.

Neugier war dieser Katze Tod – beinahe

Norris, ein neun Jahre alter grauer Schütze-Kater, fand eines Tages ein ideales Versteck – und war am Ende einen Monat lang gefangen, ohne Futter oder Wasser und fast 1400 Meilen von zu Hause entfernt.

1991 schlich sich Norris in eine Fabrik, in der Wohnmobile montiert wurden. Er spazierte in ein fast fertiges Wohnmobil und fand einen bequemen Fleck, an dem er schlafen konnte – zwischen der zum Teil fertigen Decke und dem Dach. Kurz darauf beendeten die Arbeiter die Montage der Deckenplatten und versperrten Norris damit unabsichtlich den Weg nach draußen.

Vier Wochen später war das Wohnmobil von Tennessee nach Old Town in Maine überführt worden. Kaufinteressenten begutachteten gerade den Wagen, als sie plötzlich ein lautes Miauen hörten. Sie nahmen eine der Deckenplatten ab und staunten nicht schlecht, als Norris heruntersprang.

Obwohl Norris schwach und dehydriert war, erholte er sich wieder ganz – und das Paar, das den Wohnwagen kaufte, behielt ihn bei sich.

Die
Steinbock-Katze

22. Dezember bis 20. Januar

Listig
Ausdauernd
Zurückhaltend
Launisch
Besitzergreifend

Die meisten Sternzeichen haben ausgeprägte Eigenschaften, die sie in Verhalten und Persönlichkeit leicht erkennbar machen. Doch beim Steinbock hat die Sache einen Haken. Was Sie sehen, muss nicht immer das sein, was Sie auch kriegen. Die Steinbock-Katze legt stets das Verhalten an den Tag, das nötig ist, um zu bekommen, was sie will.

Nehmen wir an, sie will ihr Frühstück früher als sonst. Sie wachen eine halbe Stunde eher als üblich auf und wissen nicht, warum. Sie sehen Ihre Katze, die eingerollt auf dem Boden schläft, und haben keine blasse Ahnung, dass Sie von ihr geweckt wurden, indem sie Ihre Füße sanft mit der Pfote berührte oder an Ihrem Ohr schnupperte. Kaum haben Sie sich bewegt, sprang sie vom Bett und tat so, als würde sie schlafen.

Wenn die Steinbock-Katze hört, dass Sie wach sind, gähnt sie und springt für eine Kuschelrunde aufs Bett. Dann schreitet sie triumphierend in die Küche und wartet darauf, dass Sie sie füttern. Sie schnurrt, denn sie weiß, dass sie ihr frühes Frühstück sorgfältig orchestriert hat – und Sie haben es nicht einmal gemerkt.

Die Steinbock-Katze mag zwar dickköpfig erscheinen, aber sie ist es nicht. Allerdings ist sie ausdauernd. Geduldig wartet sie, bis sie bekommt, was sie will. Wenn Sie sie beispielsweise immer ins Freie lassen, nur an diesem Tag nicht, weil es regnet, wird sie so lange gegen die Hintertür schlagen und miauen, bis Sie zu guter Letzt nachgeben.

Obwohl die Steinbock-Katze wohlerzogen ist, lässt sie ein Nein als Antwort nicht gelten. Wenn es auf die eine Weise nicht klappt, das zu bekommen, was sie will, dann versucht sie es eben auf eine andere ... und noch auf eine dritte. Bleiben Sie dennoch hart und geben nicht nach, wird sie wahrscheinlich eine ihrer Launen haben und will stundenlang allein gelassen werden. Wenn sie schlechter Stimmung ist, schmollt sie, frisst nicht oder ist einfach ungesellig. In solchen Momenten sollten Sie sie in Ruhe lassen. Sie wird es Sie wissen lassen, wenn sie bereit ist, sich wieder »den Lebenden« anzuschließen.

Die Steinbock-Katze ist gern in der Nähe ihres Menschen. In ihren besten Momenten springt sie auf Ihren Schoß und schnurrt laut, während Sie sie am Kinn kraulen. Um so viel Zuneigung zu bekommen, müssen Sie sie mit einladenden, sanften Worten dazu verleiten.

Aber sie wird immer für Sie da sein. Die Steinbock-Katze spürt es sofort, wenn Sie einen schlechten Tag haben oder sich nicht wohl fühlen und etwas Warmes, Flauschiges brauchen, das Sie im Arm halten können. Und sie wird so lange bei Ihnen bleiben, wie Sie es nötig haben.

Die Steinbock-Katze ist besitzergreifend und wählt sich ein oder zwei Familienmitglieder aus, zu denen sie eine besondere Bindung aufbaut. Auf andere wird sie gern eifersüchtig, sobald diese die ganze Aufmerksamkeit ihrer Lieblingsmenschen in Anspruch nehmen.

Die Steinbock-Katze verbringt einen Großteil ihrer Zeit damit, sich zu putzen und zu pflegen. Sie sieht gern gut aus und entfernt gewissenhaft jeden Fussel, jedes Staubkorn und jeden Schmutzpartikel von ihrem Fell. Das soll nicht heißen, dass es ihr etwas ausmacht, dreckig zu werden. Im Freien tollt sie durch den Garten, ärgert Schmetterlinge oder jagt Vögel. Als Wohnungskatze genügt es ihr, mit ihren Spielsachen über den Boden zu rollen.

Emotional gesehen scheint die Steinbock-Katze schneller erwachsen zu werden als andere Katzen. Schon als kleines Kätzchen verhält sie sich reifer, als sie eigentlich ist. Es hat den Anschein, als sei sie von dem

Moment an erwachsen, in dem sie entwöhnt wird. Niemals verhält sie sich albern oder impulsiv.

Sie ist vorsichtig und zurückhaltend, aber sie zeigt genug Zuneigung und Verspieltheit, um nicht als alte, vorzeitig verknöcherte Katze zu gelten.

Kontaktfreudigkeit

Die Steinbock-Katze hat vor Fremden keine Angst, aber sie wird Ihren Gästen auch nicht auf den Schoß springen, wenn diese »Was für eine hübsche Katze!« ausrufen. Anfangs zeigt sie sich zögerlich und testet die Menschen langsam und mit Bedacht aus. Aber über kurz oder lang wird sie zufrieden zu ihren Füßen schnurren.

Erwarten Sie jedoch nicht, dass sie Ihren Gästen irgendwelche Kunststücke vorführt. Nur selten beschreibt ein Besitzer seine Steinbock-Katze als Clown oder Schmierenkomödiant. Allein von ihrer Stimmung hängt es ab, ob die Steinbock-Katze Ihren Gästen erlaubt, sie zu streicheln, oder ob sie sie völlig ignoriert.

Zeit zum Spielen

Da die Steinbock-Katze von allen Katzen am besitzergreifendsten ist, neigt sie dazu, ihre Spielsachen zu verstecken, damit kein anderer an sie herankommt. Wahrscheinlich finden Sie ihre Lieblingssachen hinter oder unter der Couch.

Fassen Sie keines ihrer Spielzeuge an, wenn sie nicht riskieren wollen, dass die Steinbock-Katze ihre Krallen in Ihrer Hand versenkt. Nur sie allein entscheidet, ob und wann es in Ordnung ist, dass Sie mit ihren Sachen spielen.

Wenn sie spielt, dann höchstwahrscheinlich nicht in der Mitte des Raumes. Sie fühlt sich an exponierten Orten nicht wohl.

Eigenarten

Die Steinbock-Katze hat die Angewohnheit, Leute zu verärgern, die keine Katzen mögen. Wie ein Marschflugkörper visiert sie ihre Opfer an und ärgert sie absichtlich. Je mehr diese versuchen, sie zu verjagen, desto mehr wird sie sie belästigen. Sie wird sich als liebevolle, süße Katze ausgeben und auf ihren Schoß springen, wo sie doch genau weiß, dass es diese Menschen auf die Palme treibt. Oder sie legt sich ihnen absichtlich in den Weg, damit sie um sie herumgehen müssen. Und wenn sie das tun, wird die Steinbock-Katze vorgeben, sich dadurch erschreckt zu haben und ihre Knöchel attackieren.

Gesundheit

Die Steinbock-Katze genießt im Allgemeinen ein sehr gutes Leben und erreicht häufig ein hohes Alter. Allerdings neigt sie zu Problemen mit Zähnen und Zahnfleisch. Sie ist besonders anfällig für Parodontose, bei der Bakterien das Zahnfleisch infizieren und Knochen und Gewebe schädigen, die das Zahnfleisch mit den Zähnen verbinden. Sie neigt auch zu Zahnfleischentzündungen, häufig verursacht durch kariöse Zähne oder Plaque-Taschen und Zahnstein unterhalb des Zahnfleisches. Sie sollten Ihrer Steinbock-Katze regelmäßig ins Maul schauen und nach Hinweisen auf Zahnprobleme suchen.

Menschliche Gefährten

Die Steinbock-Katze braucht Zeit, um sich an ihre Besitzer zu gewöhnen. Doch sobald sie das getan hat, ist sie eine überaus loyale Katze.

Sie mag ein Heim, in dem es nicht viel Aufregung oder Veränderung gibt. Besonders geeignet ist sie für ältere Menschen, weil sie nicht viel aktive Aufmerksamkeit benötigt, um zufrieden zu sein.

Zwei Pfoten nach oben

Bei Besitzern mit den Sternzeichen Stier, Krebs oder Jungfrau.

Stier: Sie sind der perfekte Besitzer für die Steinbock-Katze, denn Sie vermitteln ihr das Gefühl von Behaglichkeit und Sicherheit. Da Sie ein herzlicher Mensch sind, verstehen und respektieren Sie Ihre Katze. Und sie wird voller Zuneigung darauf reagieren.

Krebs: Obwohl Sie zu Stimmungsschwankungen neigen, schenken Sie der Steinbock-Katze viel Liebe und Sicherheit. Es könnte hin und wieder heiß hergehen, wenn auch Ihre Katze schlechte Laune hat. Aber Ihre gegenseitige Zuneigung wird diese Beziehung normalerweise sehr herzlich gestalten.

Jungfrau: Loyalität gehört zu Ihren ausgeprägtesten Eigenschaften, darum wissen Sie die Hingabe der Steinbock-Katze an ihre menschliche Familie zu schätzen. Sie werden immer für sie da sein – und sie wird für Sie da sein, wann immer Sie niedergeschlagen sind.

Eine Pfote nach oben

Bei Besitzern mit den Sternzeichen Löwe, Waage, Steinbock, Wassermann oder Fische.

Löwe: Angesichts der Dynamik Ihres Lebens sollten Sie darauf achten, genug Zeit für die Steinbock-Katze zu reservieren. Sie braucht das Gefühl der Sicherheit und genießt eine gewisse Menge an Zuneigung. Doch mit ihrer Ausdauer kann sie Sie in den Wahnsinn treiben.

Waage: Diese Beziehung funktioniert, solange Sie der Steinbock-Katze nicht die Kontrolle über Ihr Heim überlassen. Es liegt nicht in Ihrer Natur, dogmatisch zu sein, aber Sie sollten es sein, um Ihrer Katze zu zeigen, wo ihre Grenzen liegen.

Steinbock: Wenn Sie sich nicht vorsehen, könnten Sie Ihrer Katze gegenüber einen Hauch zu streng sein. Da Sie beide über viel Ausdauer verfügen, könnte es zu Reibungen kommen. Doch mit der Zeit sollten Sie eigentlich eine wunderbare Beziehung führen.

Wassermann: Sie sind freiheitsliebend und häufig unkonventionell, darum ist die Steinbock-Katze womöglich etwas zu langweilig für Sie. Doch Sie schenken ihr Liebe und Zuneigung, und das wird sie erwidern – wenn Sie es zulassen.

Fische: Denken Sie nie, Ihre Steinbock-Katze würde Sie nicht lieben, nur weil Sie nicht an der Eingangstür wartet, wenn Sie nach Hause kommen. Schenken Sie ihr ruhig all die Zuneigung, die Sie aufbringen können. Aber mäßigen sie Ihre Liebe durch Disziplin, sonst gehört das Haus bald Ihrer Katze und nicht Ihnen.

Zwei Pfoten nach unten
Bei Besitzern mit den Sternzeichen Widder, Zwilling, Skorpion oder Schütze.

Widder: Sie sind eine Spur zu energiegeladen für den Geschmack der Steinbock-Katze und könnten Probleme damit bekommen, sie der Bequemlichkeit ihres Katzenkorbes zu entreißen. Ihre Katze beobachtet Sie argwöhnisch, denn sie ist sich nie sicher, was Sie als Nächstes tun werden – Sie selbst wissen das ja auch nicht mit Sicherheit.

Zwilling: Sie beide geben kein gutes Paar ab – Sie sind zu fröhlich und immer zu Streichen aufgelegt, während die Steinbock-Katze doch eher reserviert ist. Außerdem gefällt es Ihnen, wenn Leben in der Bude herrscht. Sie brauchen eine lebhaftere Katze.

Skorpion: Da Sie häufigen Stimmungsschwankungen unterworfen sind, weiß die Steinbock-Katze nicht, woran sie mit Ihnen ist. Im einen Moment knuddeln Sie sie, im nächsten ignorieren Sie sie. Die Katze fühlt sich bei Ihnen emotional alles andere als geborgen.

Schütze: Sie meinen es zwar gut, aber Sie achten nicht auf Kleinigkeiten wie beispielsweise die Fütterungszeiten für Ihre Katze. Die Steinbock-Katze mag feste Abläufe, und die werden Sie ihr nicht bieten können.

Kinder

Die Steinbock-Katze genießt wie die meisten Katzen die Aufmerksamkeit und Zuneigung, die Kinder so großzügig verteilen. Instinktiv stellt sie sich auf kleine Kinder ein, und so gut wie nie werden die Kleinen von ihr gekratzt oder grob behandelt. Die Katze scheint sie zu verstehen und zu tolerieren – sogar, wenn sie ihr Puppenkleider anziehen oder sie am Schwanz ziehen. Im schlimmsten Fall jault sie auf und trollt sich.

Die Steinbock-Katze verhält sich Neugeborenen gegenüber sehr beschützend. Sie bewacht das schlafende Baby in der Wiege und patrouilliert im Raum, sobald eine unbekannte Person das Baby im Arm hält. Möglicherweise knurrt sie sogar, wenn sie dem Fremden nicht vertraut.

Freunde und Partner

Sowohl für Sie als auch für Ihre Steinbock-Katze kann es sich als sehr lohnend erweisen, wenn Sie weitere Tiere ins Haus holen. Da sich die Steinbock-Katze seit frühester Jugend wie eine erwachsene Katze benimmt, kommt sie gut mit anderen Tieren aus, solange diese sich nicht als Störenfriede erweisen.

Wenn Sie ein neues Kätzchen kaufen, übernimmt Ihre Steinbock-Katze sofort die Verantwortung, als ob es ihr eigener Nachwuchs wäre – bis hin zu dem Punkt, wo sie des Guten vielleicht sogar schon zu viel tut. Sie kratzt jeden, der etwas zu grob mit dem kleinen Kätzchen spielt.

Am besten sorgen Sie für einen Neuankömmling, der sich schon von seinem Sternzeichen her gern versorgen lässt, beispielsweise einen Krebs oder Stier. Vermeiden Sie es, wenn möglich, einen Zwilling oder Schützen ins Haus zu holen, denn mit ihm kommt die Steinbock-Katze aller Wahrscheinlichkeit nach nicht aus: Sie wird nie vergessen, wenn er ihr das Futter stiehlt, mit ihren Spielsachen spielt oder ihr Katzenklo durcheinander bringt – und sie wird ein solches Haustier nie in ihr Herz schließen. Sie können dann allenfalls darauf hoffen, dass Ihre Steinbock-Katze den Neuankömmling irgendwann toleriert.

Die Steinbock-Katze liebt es, ...
... ein Nickerchen vor dem Kamin zu halten.
... an Minze zu schnuppern.
... von einem Kind im Arm gehalten zu werden.
... sich unter Ihre Bettdecke zu kuscheln.

Kleine Kätzchen allenthalben
Percy, eine Mischlingskatze, die einen der weltweit größten Würfe an Katzenkindern schaffte, soll eine Steinbock-Katze gewesen sein.

Am 7. Juli 1978 gebar Percy, die Betty Gallaway aus Estevan in Saskatchewan gehörte, dreizehn kleine Kätzchen – und mit Ausnahme von einem überlebten alle.

Percys erstaunlicher Wurf reichte beinahe an den größten, jemals verzeichneten Wurf heran, bei dem alle überlebten – eine Persianerkatze in Südafrika warf 1974 vierzehn Kätzchen.

Da Katzen nur acht Zitzen haben, stand Percy vor dem Problem, wie sie ihre ein Dutzend Neugeborenen versorgen sollte, ohne eines von ihnen zu vernachlässigen. Als typische Steinbock-Katze fand sie eine clevere Lösung: sie teilte ihre Brut in zwei Gruppen auf und platzierte sie in zwei entgegengesetzten Ecken des Zimmers. Percy fütterte erst die sechs Kätzchen in der einen Ecke, und nachdem sie das getan hatte, ging sie in die andere Ecke und fütterte die restlichen sechs. Mit Hilfe dieser »Tischordnung« brachte Percy es fertig, ihre Kleinen allesamt erfolgreich und voller Liebe großzuziehen.

Die
Wassermann-Katze

21. Januar bis 19. Februar

Unberechenbar
Lebhaft
Neugierig
Aufmerksamkeitsheischend
Gesellig

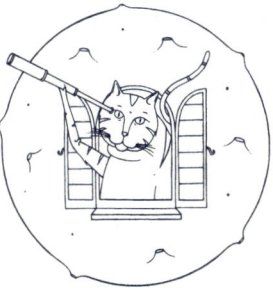

Die Wassermann-Katze ist normalerweise aufgeweckt, freundlich und unbeschwert. Aber gerade, wenn Sie glauben, alles über sie zu wissen, stellt sie etwas so Bizarres an, dass Sie sich fragen, ob sie eventuell zu viel Staub aus dem Katzenklo geschnüffelt hat. So könnte sie es der Katze aus dem US-Bundesstaat Georgia gleichtun, die mit einem nachlässig herumliegenden Gewehr spielte und versehentlich ihrem Besitzer in den Rücken schoss ... oder dem Kätzchen aus Virginia, das einen Monat lang in einem Automaten festsaß ... oder der gescheckten Katze aus Florida, die beim Spielen mit dem Telefon unabsichtlich die Notrufnummer 911 wählte. (Ja, all diese Katzenkatastrophen ereigneten sich 1991 beziehungsweise 1992 tatsächlich!)

Man weiß nie, was die Wassermann-Katze im nächsten Augenblick anstellt. Am Esstisch wird sie so leidenschaftlich um einen kleinen Happen betteln, dass man glauben wird, sie habe seit einer Woche nichts zu Fressen bekommen. Und genau dann, wenn Sie ihr etwas von Ihrem Hühnchen abgeben wollen, jagt sie urplötzlich einer Fliege hinterher.

Die Wassermann-Katze ist eine Katze der Tat. Sie schläft wahrscheinlich weniger als alle anderen Katzen. Nichts ist für sie verlockender als die freie Natur, denn dort gibt es unendlich viel zu tun: Pflanzen zu zerpflücken, Mülleimerdeckel aufzustemmen und Mülltüten zu zerreißen oder Vogelnester zu plündern.

Es gibt keine offene Tür, durch die diese neugierige Katze nicht geht, ob es nun das Garagentor der Nachbarn ist oder sogar deren offenes Fenster. Jedes Loch im Boden muss von ihr inspiziert werden, jeder Winkel und jede Ritze untersucht, jeder neue Geruch erschnüffelt. Sie können sie unter der Motorhaube Ihres Wagens finden, auf der Swimmingpoolrutsche Ihres Nachbarn oder in Ihrem Klavier.

Die Wassermann-Katze ist gern mit Menschen zusammen und ist auch klug genug, um sich niedlich zu geben, damit sie von Ihrem freundlichen Nachbarn Leckerbissen bekommt. Sie wird auf Ihrer Auffahrt Hof halten und jeden begrüßen, der vorbeigeht.

Sie sehnt sich nach Aufmerksamkeit – je mehr davon, umso besser. Wenn irgendwo eine Ansammlung entsteht, will sie meistens dabei sein. Für die Wassermann-Katze ist Quantität immer wichtiger als Qualität. Je mehr Menschen oder Tiere, desto besser gefällt es ihr.

Vorsicht, wenn Sie die Wassermann-Katze ignorieren. Sie wird keine Mühe scheuen, um Ihre Aufmerksamkeit zu wecken – beispielsweise das Tischtuch vom Esszimmertisch ziehen oder auf das Dach klettern und erst wieder herunterkommen, wenn Sie losziehen, um eine Leiter zu holen.

Diese Katze schwärmt für die Dunkelheit. Am liebsten spielt sie mitten in der Nacht. Es gefällt ihr, von einem Ende des Hauses zum anderen zu schleichen und zu guter Letzt auf Ihr Bett zu springen. Während Sie sich blitzartig im Bett aufrichten und sich fragen, was um alles in der Welt passiert ist, tobt sie schon längst wieder auf den Wohnzimmermöbeln herum.

Die Wassermann-Katze ist nicht wählerisch, was ihr Futter oder ihre Katzentoilette angeht. Ihr kommt es auf Zuneigung an. Sie rollt sich in Ihrem Schoß ein, schnurrt ausdauernd und erwartet, von Ihnen gestreichelt zu werden. Oder sie legt sich auf den Rücken und ist so unwiderstehlich, dass Sie ihr einfach den Bauch kraulen müssen.

Es ist nicht leicht, der Wassermann-Katze etwas beizubringen. Sie ist nicht dumm, aber sie hat nur eine kurze Aufmerksamkeitsspanne und ein schlechtes Gedächtnis. Wenn Sie sie anbrüllen, um sie aus ihrem

Korb zu scheuchen, hat sie bereits vergessen, dass Sie dieselbe Prozedur schon am Vortag vollzogen haben. Regen Sie sich besser nicht auf, und freuen Sie sich stattdessen über ihre kleinen Possen.

Kontaktfreudigkeit

Wenn Sie Freunde oder Verwandte zu Besuch haben, sorgt die Wassermann-Katze dafür, dass sie zum Unterhaltungsprogramm gehört. Ob sie nun an den Stricksocken von Onkel Steve zupft oder die Oliven aus Kusine Barbaras Martini fischt und damit jongliert – die Wassermann-Katze wird auf jeden Fall erreichen, dass alle im Raum ihre Anwesenheit mitbekommen.

Akzeptieren Sie einfach die Tatsache, dass Ihre Katze etwas Verrücktes anstellen wird, damit Ihre Gäste von ihr entzückt sind ... oder sie verfluchen.

Zeit zum Spielen

Die Wassermann-Katze kann mit so gut wie allem spielen und sich amüsieren. Ihr Lieblingsspielzeug ist immer das, mit dem sie sich gerade beschäftigt. Für gewöhnlich ist es kein richtiges Spielzeug. Nichts ist für sie schöner, als sich mit dem Ledergürtel zu vergnügen, den Sie erst vor kurzem gekauft haben, oder mit der

Autogrammkarte des Fußballspielers, die Sie seit der Grundschule in Ehren halten, oder auch mit Ihrem Ehering, den Sie an der Spüle abgelegt haben.

Eigenarten

Die Wassermann-Katze scheint die Fähigkeit zu haben, Gefahren vorherzusehen, bevor sie eintreten. Sie ist die Katze, die die Familie mitten in der Nacht aufweckt, noch bevor sonst jemand den Rauch gerochen hat. Sie ist die Katze, die nur Augenblicke bevor ein gewaltiges Gewitter über das Land zieht aufjault.

Wenn sich Ihre Katze merkwürdiger als sonst verhält, dann schenken Sie ihr Ihre Aufmerksamkeit! Möglicherweise warnt sie Sie vor einer drohenden Gefahr.

Gesundheit

Die Wassermann-Katze leidet häufig an Knochenbrüchen, Verrenkungen und Verstauchungen. Angesichts ihres übermütigen Naturells wird sie gelegentlich humpelnd nach Hause kommen. Des Öfteren fällt sie vom Baum, verliert einen Kampf gegen den Hund vom anderen Ende der Straße oder quetscht sich die Pfote in einer gläsernen Schiebetür.

Wenn sie jedoch lernt, etwas langsamer zu tun, dann

lebt sie ziemlich gesund. Nur schnüffelt sie manchmal an Orten, an denen sie es lieber nicht tun sollte, und endet dann vielleicht in einer Marderfalle oder einem Abflussrohr.

Menschliche Gefährten

Die Wassermann-Katze ist eine ganz besondere Katze und braucht demzufolge einen ganz besonderen Besitzer – jemanden, der ihr Freiraum lässt und ihr erlaubt, die ungestüme, gesellige Katze zu sein, die sie von Natur aus ist. In einem unkonventionellen Haushalt, in dem viel los ist, blüht sie richtiggehend auf.

Zwei Pfoten nach oben

Bei Besitzern mit den Sternzeichen Zwilling, Schütze oder Wassermann.

Zwilling: Sie lieben die Vielfalt, und Ihre Wassermann-Katze wird von den ständigen Veränderungen in ihrem Leben entzückt sein. Ob Sie nun jede Woche neue Freunde mit nach Hause bringen, jeden Monat die Möbel umstellen oder jedes Jahr umziehen, die Wassermann-Katze empfindet jeden Tag als neue Herausforderung – und es macht ihr Spaß.

Schütze: Ihre Begeisterung für das Leben macht die Wassermann-Katze glücklich. Sie beide haben dieselbe Wellenlänge und schenken einander genau die richtige Menge an Aufmerksamkeit, Spaß und Zuneigung.

Wassermann: Sie sind der ideale Gefährte für diese Katze. Emotional gesehen ähneln Sie sich wie Spiegelbilder und verstehen einander vollkommen. Über die Verrücktheiten Ihrer Katze lachen Sie sich halb tot – meistens zumindest.

Eine Pfote nach oben
Bei Besitzern mit den Sternzeichen Widder, Löwe, Waage oder Skorpion.

Widder: Manchmal sind Sie so auf Ihr eigenes Leben fixiert, dass Sie vergessen, die Wassermann-Katze mit einzuschließen. Aber Sie lieben Ihre Katze sehr. Wenn Sie ihr Aufmerksamkeit schenken, schenkt Sie Ihnen dafür viel Freude.

Löwe: Unterziehen Sie sich nicht der Mühe, sich auf Ihre Wassermann-Katze einen Reim machen zu wollen. Genießen Sie Ihre Katze einfach. Wenn Sie zu viel Zeit darauf verwenden, ihr Kunststückchen beizubringen, wird sie ebenso frustriert sein wie Sie. Erlauben Sie ihr einfach, sie selbst zu sein.

Waage: Tief in Ihrem Innern bewundern Sie die Unkonventionalität der Wassermann-Katze und wünschen sich, selbst ein wenig mehr von einem Freigeist zu haben. Sie beide können eine gute Beziehung führen, wenn Sie sich die Zeit nehmen, mit ihr zu spielen.

Skorpion: Schon allein dieser fröhlichen, unverschämten Katze in Aktion zuzusehen, könnte Ihnen das eine oder andere beibringen. Seien Sie ein wenig lockerer, und sehen Sie zu, wie viel Spaß sie mit Ihrer Katze haben können.

Zwei Pfoten nach unten
Bei Besitzern mit den Sternzeichen Stier, Krebs, Jungfrau, Steinbock oder Fische.

Stier: Der Versuch, die Wassermann-Katze an die Kandare zu nehmen, erschöpft Sie. Sie verstehen nicht, warum sie nicht mit all den Spielsachen spielt, die Sie ihr gekauft haben, oder warum sie keine Nacht durchschlafen kann. Und Ihre Katze hat bei Ihnen das Gefühl, in der Falle zu sitzen.

Krebs: Sie brauchen eine Katze, die Sie ständig im Arm halten und knuddeln können, die Wassermann-Katze will sich aber frei fühlen. Wenn Sie versuchen, sie mit Ihrer Liebe zu erdrücken, wird die Katze neurotisch.

Jungfrau: Sie wollen ja nur, was Ihrer Meinung nach das Beste für Ihre Wassermann-Katze ist, darum versuchen Sie, Ihre Katze zu dem Verhalten zu bewegen, das Sie sich wünschen. Das führt zu Frustrationen. Ihre Katze wird die Schlacht gewinnen, denn sie ändert sich nie. Aber Sie werden den Krieg gewinnen, denn Sie werden sie fortgeben.

Steinbock: Sie mögen alles Traditionelle im Leben, und das gilt auch für Katzen. Diesem Anspruch wird die Wassermann-Katze niemals genügen. Ihre Beziehung kann nur funktionieren, wenn Sie sie als die merkwürdige und wunderbare Katze akzeptieren, die sie ist – etwas, was Ihnen höchstwahrscheinlich nie gelingen wird.

Fische: Sie suchen in einer Katze nach viel Liebe und Zuneigung, und zwar immer dann, wenn Ihnen danach ist. Darum werden Sie schwer enttäuscht sein, sobald Ihnen klar wird, dass die Wassermann-Katze manchmal lieber auf einen Baum klettert als auf Ihren Schoß zu springen.

Kinder

Die Wassermann-Katze liebt so gut wie jeden, darum hat sie auch keine Probleme, sich an Kinder anzupassen. Da Kinder zu sprunghaftem Verhalten neigen, passen sie ausgezeichnet in die Welt der Wassermann-Katze.

Kinder und Wassermann-Katzen eignen sich deshalb so gut füreinander, weil beide gern spielen. Aber denken Sie daran, dass sich die Wassermann-Katze nicht gern einengen lässt – sie mag es nicht, allzu fest umarmt zu werden beziehungsweise in den Picknickkorb oder einen Pappkarton gesteckt zu werden. Dann fährt sie die Krallen aus und beißt oder kratzt den Übeltäter, egal wie klein oder groß das Kind ist.

Freunde und Partner

Die Wassermann-Katze freundet sich mit so gut wie allem an, was atmet. Das gilt für Menschen, Hunde, Katzen, Hasen, Hühner und alles andere, was kreucht und fleucht. Durch ihre fröhliche, gutmütige Einstellung fühlt sich jeder Neuankömmling gleich wie zu Hause.

Natürlich passen manche Sternzeichen besser zu ihr als andere. Sie schließt sich gern mit einem weiteren Wassermann zusammen. Die Frage ist nur: Werden Sie mit zwei Wassermännern fertig? (Werden Sie denn überhaupt mit einem fertig?) Gleichen Sie den übermütigen Charakter der Wassermann-Katze besser durch eine etwas zurückhaltendere Katze aus, beispielsweise eine Krebs- oder Stier-Katze.

Soweit es die Wassermann-Katze betrifft, sollten Sie sie nur von Steinbock oder Widder fern halten. Beide Zeichen werden versuchen, das Regiment über den Haushalt an sich zu reißen und die Wassermann-Katze auf diese Weise in eine Kämpferin verwandeln.

Die Wassermann-Katze liebt es, ...

... Eiswürfel über den Küchenboden schlittern zu lassen.
... ihre Pfoten in eine Spüle voller Wasser zu tunken.
... mit dem Telefon zu spielen.
... Schleierkraut aus Ihrem Blumenstrauß zu rupfen.

Ein Hoch auf die erste Katze im Staat

US-Präsident Teddy Roosevelt besaß eine Katze namens Slippers. Sie hatte sechs Zehen an jeder Pfote und sorgte als typische Wassermann-Katze dafür, dass sie während offizieller Anlässe im Weißen Haus immer angemessene Beachtung fand.

Eines Abends führte Roosevelt nach einem wichtigen Staatsbankett seine Gäste in den angrenzenden Ostflügel, die Frau eines Botschafters an seinem Arm. Plötzlich stürmte Slippers vor die Füße des Präsidenten und legte sich ihm in den Weg. Roosevelt, ein Skorpion-Geborener, wollte keine Szene machen, indem er die Katze aus dem Weg schob und dadurch die Prozession der Gästeschar aufhielt. Also führte er die Dame an seinem Arm einfach um Slippers herum. Sämtliche Gäste folgten seinem Beispiel, schritten diplomatisch an der Katze vorbei und bewunderten das Tier – das die perfekte Möglichkeit gefunden hatte, Beachtung zu finden.

Die
Fische-Katze

20. Februar bis 20. März

Häuslich

Unbeschwert

Süß

Fügsam

Hingebungsvoll

Möglicherweise kommen Sie Tag für Tag an einem Haus vorbei, in dessen Fenster immer eine fette Katze liegt, die Sie schon für eine Plastik hielten, weil sie sich nie bewegt. Höchstwahrscheinlich ist diese Katze im Zeichen der Fische geboren.

Die typische Fische-Katze sieht aus wie die Edamer Katze aus *Alice im Wunderland* – halb geöffnete Augen und ein merkwürdiges Grinsen im Gesicht, das einen glauben lässt, dass sie mehr weiß als wir. In Wahrheit ist sie nicht annähernd so scharfsichtig wie die Edamer Katze. Wenn sie überhaupt über etwas nachdenkt, dann wahrscheinlich darüber, wann sie das nächste Mal gefüttert wird oder wo sie ihr nächstes Nickerchen halten soll.

Erwarten Sie nicht, dass die Fische-Katze mit Ihnen aufsteht, wenn morgens der Wecker klingelt. Sie befindet sich zwar auf Ihrem Bett, aber im Reich der Träume, und hatte noch lange nicht ausreichend Schönheitsschlaf. Dafür müssen Sie sich den Krampf aus dem Bein massieren, weil Ihre Fische-Katze wie üblich direkt in Ihrer Kniebeuge geschlafen hat und Sie während der

Nacht nicht wagten, sich zu bewegen, weil sie fürchteten, sie zu stören oder ihr wehzutun.

Wenn die Fische-Katze endlich aufsteht und genug gegähnt und sich gestreckt hat, wartet sie – ohne Ihnen irgendwie zuzusetzen – darauf, dass Sie sie füttern. Und wenn sie einmal eine Zeit lang nichts zu fressen bekommt, ist das auch keine Katastrophe. Genauer gesagt ist für die Fische-Katze nichts eine Katastrophe. Darum mag sie auch fast jeder.

Pflegeleichter als sie ist keine Katze. Erlauben Sie ihr, sich in Ihrem Lieblingssessel oder auf einem warmen Schoß einzurollen, und schon ist sie im Katzenhimmel. Wenn sie ins Freie darf, reicht es ihr, sich auf die Veranda zu legen und die Welt an sich vorüberziehen zu lassen. Sie entfernt sich nie weit vom Haus, das ist ihr viel zu umständlich. Außerdem ist das Letzte, was sie sich wünscht, eine Auseinandersetzung mit einer anderen Katze oder, schlimmer noch, mit einem Hund.

Die Fische-Katze muss niemandem beweisen, dass sie die tollste Katze im Viertel ist. Wenn eine andere Katze sie herausfordert, ignoriert sie sie einfach oder steht auf und spaziert zurück ins Haus.

Die Fische-Katze ist eine liebe Seele. Wenn sie eine Eidechse oder ein anderes Kleingetier gefangen hat, tötet sie es nicht absichtlich. Sie spielt ein wenig damit und wandert dann davon, was der verängstigten Beute die Chance zur Flucht gibt.

Sie stellt keine Forderungen und orientiert sich nicht an festen Abläufen. Machen Sie sich also keine Sorgen, wenn Sie sie einmal zu spät füttern. Sollten Sie einmal so sehr in einem Ferngespräch aufgehen, dass Sie vergessen, Ihre Katze zu füttern, wird sie nichts weiter tun, als sich neben ihren Napf zu setzen und zu hoffen, dass Sie den Wink irgendwann kapieren.

Fische-Katzen haben etwas Niedliches an sich, darum will man sie immer in den Arm nehmen und wie ein Baby schaukeln. Und das liebt Ihre Fische-Katze. Das merken Sie schon daran, dass sie leise schnurrt und sich unter Ihr Kinn drückt. Solange Sie sie sanft streicheln, wird sie mit Ihnen kuscheln. Meistens schläft sie auf Ihrer Brust ein und ist dann so entspannt, dass sie sabbert.

Die Fische-Katze ist die hingebungsvollste, loyalste Katze, die Sie finden können. Wenn Sie oder ein anderes Familienmitglied erkranken, sitzt sie auf dem Krankenbett. Katzen, die in diesem Tierkreiszeichen geboren wurden, können sich tagelang an ihre bettlägrigen Besitzer kuscheln (mit kurzen Pausen für den Gang zum Napf oder zum Katzenklo), bis es den Kranken wieder besser geht.

Unglücklicherweise ist sie so friedfertig, dass sie nur schläfrig ein Auge öffnet, wenn Einbrecher in Ihr Heim eindringen. Sie schaut dann ohne viel Interesse zu, wie die Gauner Ihr Fernsehgerät aus der Wohnung karren.

Kontaktfreudigkeit

Die Fische-Katze liebt Menschen. Wenn Sie Gäste haben, inspiziert sie jeden einzelnen und wartet so lange, bis sie jemand in den Arm nimmt und streichelt. Dort bleibt sie dann, die Augenlider auf halbmast, bis Ihr Gast müde wird, sie zu kraulen. Woraufhin Ihre Katze zum nächsten Gast geht und hofft, dort noch mehr Streicheleinheiten zu bekommen.

Zeit zum Spielen

Die Fische-Katze ist nicht besonders ausgelassen, aber auch sie hat ihre fröhlichen Momente. Sie spielt gern mit Stofftieren, solange diese nicht quietschen oder rasseln. Raufen liegt ihr nicht, aber Sie tollt gern ein wenig mit Ihnen herum, sofern das nicht zu energieaufwändig wird.

Erwarten Sie allerdings nicht, dass sie über lange Zeiträume hinweg spielt. Die Fische-Katze hat eine kurze Aufmerksamkeitsspanne und kuschelt lieber mit Ihnen, anstatt sich körperlich zu betätigen.

Eigenarten
Fische-Katzen schlafen liebend gern in unkonventionellen Stellungen. So legt sie sich beispielsweise mitten im Wohnzimmer auf den Rücken, eine Pfote hoch in die Luft gestreckt. Oder sie drapiert sich über die Armlehne eines Polstersessels und schläft – mit den Hinterbeinen auf dem Sitz und dem Kopf über der Lehne baumelnd – einfach ein.

Gesundheit
Fische-Katzen neigen zu Bronchitis. Diese Infektion zeigt sich normalerweise in hässlichen und entkräftenden Symptomen wie Niesen, Tränenfluss, Entzündung von Augen und Nase und Sekretabsonderungen aus der Nase. Wenn eine Fische-Katze an Bronchitis erkrankt, ist sie auch anfällig für andere Infektionskrankheiten.

Fische-Katzen neigen auch zu Gewichtszunahme, nicht weil sie zu viel fressen würden, sondern weil sie sich nicht gern bewegen. Wenn Sie nichts dagegen unternehmen, kann sie richtiggehend fett werden.

Menschliche Gefährten

Fische-Katzen eignen sich hervorragend für ältere Menschen sowie für alle, die ans Haus gefesselt oder behindert sind. Sie ist eine lebenslange Gefährtin, die allzeit zu einer Kuschelrunde bereit ist.

Zwei Pfoten nach oben

Bei Besitzern mit den Sternzeichen Stier, Krebs oder Fische.

Stier: Sie kommen großartig mit der Fische-Katze zurecht, weil Sie ein häuslicher Mensch sind, der sie verwöhnt. Ihre leicht ausgeprägte Dickköpfigkeit macht der Fische-Katze nichts aus – sie wählt einfach den Weg des geringsten Widerstands.

Krebs: Sie verbringen viele Stunden gemeinsam mit Ihrer Fische-Katze – Sie mit einem Buch vor dem Kamin und die Katze eingerollt neben Ihnen. Ihr sensibles Wesen und Ihr Verständnis für die emotionale Ausprägung dieser Katze sorgen für eine herzliche Beziehung.

Fische: Als liebevoller und emotionaler Mensch genießen Sie die freundliche Veranlagung der Fische-Katze.

Sie können beide mühelos den ganzen Tag im Bett verbringen und dabei fernsehen. Achten Sie darauf, Ihre Katze nicht zu sehr zu verwöhnen. Andererseits, warum eigentlich nicht?

Eine Pfote nach oben
Bei Besitzern mit den Sternzeichen Widder, Jungfrau, Waage, Skorpion oder Steinbock.

Widder: Die Fische-Katze könnte ein wenig zu friedfertig für Ihren Geschmack sein. Aber Sie erwärmen sich dennoch für diese sanfte Katze. Sie ist so ein süßes Ding, dass Sie wahrscheinlich alle Hebel in Bewegung setzen, um sie glücklich zu machen.

Jungfrau: Ihr akribisches Naturell kommt der Fische-Katze sehr entgegen. Wenn Sie Ihrem Herzen folgen, machen Sie ihr Leben angenehmer, als sie das je erträumt hätte. Probleme entstehen immer nur dann, wenn Sie zu viele Forderungen an sie stellen.

Waage: Wenn es um Katzen geht, wünschen Sie sich möglicherweise mehr, als die unbeschwerte Fische-Katze Ihnen bieten kann. Sie ist, wer sie ist, und hoffentlich wird Ihnen irgendwann klar, wie viel Liebe die Fische-Katze in Ihr Heim bringt.

Skorpion: Sie können eine ausgezeichnete Beziehung zur Fische-Katze haben, wenn Sie nicht zu tyrannisch werden. Eine erhobene Stimme hier und ein hartes Wort da lassen selbst die unbekümmerte Fische-Katze Zuflucht in einem Versteck suchen.

Steinbock: Obwohl Sie dazu neigen, sich in so vielen Projekten zu engagieren, dass Sie Ihrer Fische-Katze gar nicht mehr die Aufmerksamkeit zukommen lassen können, die sie eigentlich verdient, hat sie großes Verständnis dafür. Aufgrund ihrer bedingungslosen Loyalität werden Sie sie von Tag zu Tag mehr zu schätzen wissen.

Zwei Pfoten nach unten
Bei Besitzern mit den Sternzeichen Zwilling, Löwe, Schütze oder Wassermann.

Zwilling: Sie und die Fische-Katze liegen einfach nicht auf derselben Wellenlänge. Da sie keine Forderungen stellt, bemerken Sie ihr Bedürfnis nach Aufmerksamkeit nicht. Und Ihre Katze wird das Gefühl haben, dass sie Ihnen egal ist – auch wenn das nicht stimmt.

Löwe: Fische-Katzen sind zu passiv für Sie. Sie brauchen eine Katze mit mehr Leben und mehr Feuer. Je mehr Sie versuchen, Ihr Haustier zu verändern, desto frustrierter werden Sie und die Fische-Katze.

Schütze: Ihr Bedürfnis nach Abenteuer und Spaß können der ruhigen Fische-Katze leicht zu viel werden. Sie würde sich dann, ohne dass Sie es beabsichtigt hätten, sehr unwohl fühlen.

Wassermann: Sie sind immer bereit, neue Ideen und Vorstellungen auszuprobieren, und wollen ständig die Ernährung der Fische-Katze ändern oder eine neue Erziehungsmethode austesten. Obwohl Sie es gar nicht beabsichtigen, verwirren Sie Ihre Katze damit allerdings ungeheuer.

Kinder
Es liegt in der Natur der friedfertigen Fische-Katze, dass sie fast alles mit sich machen lässt – mal abgesehen davon, sich die Schnurrhaare ausreißen zu lassen. Aber

sie mag keine Spiele, bei denen sie sich allzu sehr körperlich betätigen muss.

Als Katzenkumpel für ein Kind ist sie unschlagbar, denn sie bietet dem Kind ihre bedingungslose Liebe. Da die Fische-Katze pflegeleicht ist, können sich Kinder problemloser um sie als um andere Katzen kümmern.

Freunde und Partner

Da die Fische-Katze den meisten Dingen gleichmütig gegenübersteht, ist die Ankunft eines weiteren Haustieres für sie kein Problem. Eine Zeit lang hält sie Distanz, bis sie herausfindet, was es mit diesem Neuankömmling auf sich hat. Wenn ihr nicht gefällt, was sie da sieht, geht sie dem Neuzugang aus dem Weg und tut so, als existiere er gar nicht. Doch falls sie in ihm einen Freund findet, hält das ein Leben lang. Die Fische-Katze wird den Neuankömmling bemuttern und ihm all ihre Liebe schenken. Stier-, Krebs- oder Fische-Katzen geben exzellente Partner für die Fische-Katze ab, weil sie sensibel sind und Aufmerksamkeit zu schätzen wissen. Ihr sanftes Wesen wird stets für einen ruhigen Haushalt sorgen.

Die Fische-Katze liebt es, ...

...an Ihren Haarsträhnen zu nuckeln.

...den Schoß von Fremden mit ihren Pfoten zu kneten.

...mit einer Feder gekitzelt zu werden.

...in Ihrem Rucksack thronend auf eine Wanderung mitgenommen zu werden.

Das muss Liebe sein

Dr. Albert Schweitzer – der große Menschenfreund und Friedensnobelpreisträger aus dem Jahr 1952 – liebte eine Katze namens Sizi, die sich wie eine typische Fische-Katze verhielt.

So gut wie jeden Tag sprang Sizi auf Schweitzers Schreibtisch, rollte sich ein und schlief auf dem linken Arm des Arztes ein, während er Rezepte ausfertigte. Das stellte für Schweitzer ein echtes Problem dar, denn er war Linkshänder. Doch als Steinbock-Geborener fand der gute Doktor eine Lösung: Da er den Schlaf von Sizi nicht stören wollte, lernte er einfach, seine Rezepte mit der rechten Hand auszustellen!

Eine Verbindung, die im Himmel geschlossen wurde: Welche Katze eignet sich für Sie am besten?

Wenn Sie Ihr eigenes Sternzeichen kennen, führt Sie dieses Buch mühelos zu der Katze, zu der Sie am besten passen.

Suchen Sie in der linken Spalte der nachfolgenden Tabelle Ihr eigenes Sternzeichen. Lesen Sie anschließend in den drei Spalten daneben, welche Katzen für Sie perfekt geeignet sind (zwei Pfoten nach oben), welche gut geeignet sind (eine Pfote nach oben) oder welche eine einzige Katzenkatastrophe wären (zwei Pfoten nach unten).

Sternzeichen des Besitzers	Sternzeichen der Katze		
	🐾 🐾	🐾	🐾 🐾
Widder	Zwilling Löwe	Jungfrau Waage Schütze Fische	Widder Stier Krebs Skorpion Steinbock

Sternzeichen des Besitzers	Sternzeichen der Katze		
	🐾 🐾	🐾	🐾 🐾
Stier	Krebs Jungfrau Waage Steinbock Fische	Stier Schütze	Widder Zwilling Löwe Skorpion Wassermann
Zwilling	Schütze Wassermann	Widder Zwilling Löwe Skorpion	Stier, Krebs Jungfrau Waage Steinbock Fische
Krebs	Stier, Krebs Jungfrau Waage Skorpion Steinbock Fische	Widder Löwe	Zwilling Schütze Wassermann
Löwe	Zwilling Löwe	Widder Krebs Waage Schütze Steinbock Wassermann	Stier Jungfrau Skorpion Schütze

Sternzeichen des Besitzers	Sternzeichen der Katze		
	🐾 🐾	🐾	🐾 🐾
Jungfrau	Stier Jungfrau Skorpion Steinbock	Krebs Löwe Fische	Widder Zwilling Waage, Schütze Wassermann
Waage	Zwilling Waage Schütze	Widder, Stier Krebs, Löwe Skorpion Steinbock Wassermann Fische	Jungfrau
Skorpion	Widder Krebs	Jungfrau Waage Skorpion Schütze Wassermann Fische	Stier Zwilling Löwe Steinbock
Schütze	Löwe Schütze Wassermann	Widder Zwilling Skorpion	Stier, Krebs Jungfrau Waage Steinbock Fische

Sternzeichen des Besitzers	Sternzeichen der Katze		
	🐾 🐾	🐾	🐾 🐾
Steinbock	Widder, Stier Krebs, Löwe Jungfrau Skorpion	Zwilling Waage Steinbock Fische	Schütze Wassermann
Wasser-mann	Widder Zwilling Skorpion Schütze Wassermann	Jungfrau Waage Steinbock	Stier Krebs Löwe Fische
Fische	Widder Krebs Fische	Stier Löwe Jungfrau Waage Steinbock	Zwilling Skorpion Schütze Wassermann

Register

BESTSELLERAUTOREN VON

Mosaik bei GOLDMANN

IM SYMPATHISCHEN TASCHENFORMAT

16404

16400

16403

16405

16401

16402

GOLDMANN

Das Gesamtverzeichnis aller lieferbaren Titel erhalten Sie
im Buchhandel oder direkt beim Verlag.
Nähere Informationen über unser Programm erhalten Sie auch im Internet unter:
www.goldmann-verlag.de

★

Taschenbuch-Bestseller zu Taschenbuchpreisen
– Monat für Monat interessante und fesselnde Titel –

★

Literatur deutschsprachiger und internationaler Autoren

★

Unterhaltung, Kriminalromane, Thriller
und Historische Romane

★

Aktuelle Sachbücher, Ratgeber, Handbücher und
Nachschlagewerke

★

Bücher zu Politik, Gesellschaft, Naturwissenschaft und Umwelt

★

Das Neueste aus den Bereichen
Esoterik, Persönliches Wachstum und Ganzheitliches Heilen

★

Klassiker mit Anmerkungen, Anthologien und Lesebücher

★

Kalender und Popbiographien

★

Die ganze Welt des Taschenbuchs

★

Goldmann Verlag • Neumarkter Str. 28 • 81673 München

Bitte senden Sie mir das neue kostenlose Gesamtverzeichnis

Name: _____

Straße: _____

PLZ / Ort: _____